서당에서 성균관까지
학교와 교육 제도

한눈에 펼쳐 보는 전통문화 14

서당에서 성균관까지 학교와 교육 제도

초판 1쇄 발행 2012년 10월 25일
초판 3쇄 발행 2022년 12월 1일

글 양태석 그림 김은미
발행인 양원석 발행처 (주)알에이치코리아 (등록 2004년 1월 15일 제2-3726호)
주소 08588 서울시 금천구 가산디지털2로 53, 20층(한라시그마밸리)
편집문의 02-6443-8921 도서문의 02-6443-8800 홈페이지 rhk.co.kr
블로그 blog.naver.com/randomhouse1 포스트 post.naver.com/junior_rhk
인스타그램 @junior_rhk 페이스북 facebook.com/rhk.co.kr

ISBN 978-89-255-4863-0 (74380)
ISBN 978-89-255-4384-0 (세트)

제조자명 (주)알에이치코리아 | 제조국명 대한민국 | 사용연령 8세 이상
※ 종이에 손이 베이거나 모서리에 다치지 않게 주의하세요.
※ 잘못 만들어진 책은 구입하신 곳에서 바꾸어 드립니다.

한눈에 펼쳐 보는 전통문화 14

서당에서 성균관까지
학교와 교육 제도

글·양태석 그림·김은미

주니어 RHK

시리즈 소개
한눈에 펼쳐 보는 전통문화

조상 대대로 내려온 소중한 문화가 담겨 있습니다!

〈한눈에 펼쳐 보는 전통문화〉는 한국인으로서의 긍지와 뿌리를 심어 주는 시리즈입니다. 슬기로운 조상들의 소중한 삶의 지혜를 엿볼 수 있고, 아름답고 자랑스러운 우리 전통문화 유산을 두루두루 살필 수 있지요. 우리나라만의 특색을 갖춘 전통문화를 돌아보며 옛 조상들의 생활을 알아보세요.

재미있는 이야기와 풍부한 정보가 가득합니다!

조상들의 생활과 풍습에 관한 재미있는 이야기, 역사와 문화재에 대한 올바른 정보, 자랑스러운 국보와 과학 기술이 돋보이는 주거 생활, 다양한 도구들, 예로부터 전해져 내려오는 바른 먹을거리, 복식 문화 등 우리나라의 전통문화를 총망라하여 내용을 구성하였습니다.

쉽고 자세한 그림으로 어린이들의 이해를 돕습니다!

이야기에 나오는 재미 위주의 장면보다는 정보 부분에 해당하는 그림만 수록하여 보다 쉽고 자세하게 전통문화 관련 정보를 익힐 수 있도록 했습니다. 특히 주제별로 하나씩 큰 그림들을 모아 책 속 부록으로 재구성한 '한눈에 펼쳐 보는 전통문화' 코너는 그림만 살펴보더라도 전통문화를 쉽게 파악하여 지식을 쌓을 수 있습니다.

한 편의 재미있는 이야기 속에
권별 주제와 관련된 정보가
알차게 담겨 있어요.

어린이들이 이해하기 쉬운 그림을 통해
전통문화를 설명하고 있어요.

이야기 속에 등장한 전통문화
관련 정보를 한눈에 파악할
수 있도록 구성하였어요.

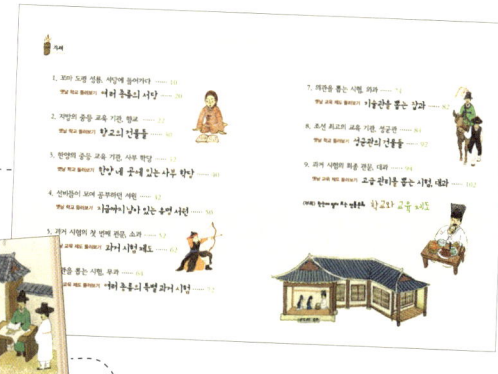

〈교과연계표〉 서당에서 성균관까지 학교와 교육 제도		
학년	교과목	단원
3학년	1학기 [사회]	2. 우리가 알아보는 고장 이야기
4학년	1학기 [사회]	2. 우리가 알아보는 지역의 역사
5학년	2학기 [사회]	1. 옛사람들의 삶과 문화

시리즈 소개 5

차례

1. 꼬마 도령 성룡, 서당에 들어가다 …… 10
   옛날 학교 둘러보기 **여러 종류의 서당** …… 20

2. 지방의 중등 교육 기관, 향교 …… 22
   옛날 학교 둘러보기 **향교의 건물들** …… 30

3. 한양의 중등 교육 기관, 사부 학당 …… 32
   옛날 학교 둘러보기 **한양 네 곳에 있는 사부 학당** …… 40

4. 선비들이 모여 공부하던 서원 …… 42
   옛날 학교 둘러보기 **지금까지 남아 있는 유명 서원** …… 50

5. 과거 시험의 첫 번째 관문, 소과 …… 52
   옛날 교육 제도 둘러보기 **과거 시험 제도** …… 62

6. 무관을 뽑는 시험, 무과 …… 64
   옛날 교육 제도 둘러보기 **여러 종류의 특별 과거 시험** …… 72

7. 의관을 뽑는 시험, 의과 …… 74
   옛날 교육 제도 둘러보기 **기술관을 뽑는 잡과** …… 82

8. 조선 최고의 교육 기관, 성균관 …… 84
   옛날 학교 둘러보기 **성균관의 건물들** …… 92

9. 과거 시험의 최종 관문, 대과 …… 94
   옛날 교육 제도 둘러보기 **고급 관리를 뽑는 시험, 대과** …… 102

〈부록〉 한눈에 펼쳐 보는 전통문화 **학교와 교육 제도**

여는 글

옛날 학교로 씽씽 달려가 봐요

우리나라 사람들은 예로부터 교육열이 참 높았어요. 그래서 부모님들은 형편이 어려워도 자식들에게 열심히 공부하기를 권했고, 아이들도 학교에 나가 배우고 익히는 것을 좋아했지요. 그렇다면 옛날 학교는 어땠을까요?

옛날에도 여러 종류의 학교가 있었어요. 어린이들은 서당에 다녔고, 서당을 졸업하면 중등 교육 기관인 향교나 사부 학당에 진학했지요. 또 한양에는 지금의 대학에 해당하는 최고 교육 기관인 성균관이 있었답니다.

지금과 다른 점은 향교나 사부 학당, 성균관 같은 학교는 나라에서 운영했기 때문에 수업료를 한 푼도 안 받았어요. 공짜로 숙식하면서 학문을 공부하고 배울 수 있었어요.

성균관 유생은 과거 시험을 보아 합격하면 관직을 얻어 벼슬자리로 나갈 수 있었어요. 열심히 공부하여 성공의 길로 나가는 것은 지금과 비슷했지요.

　과거 시험은 소과와 대과로 나뉘는데 소과에 합격하면 생원이나 진사가 되었어요. 대과에 합격하면 종6~7품의 벼슬자리에 오를 수 있었지요.

　또한 무관이 되고 싶은 사람은 열심히 무술 공부를 하여 무과를 보았고, 기술관이 되고 싶은 사람은 자기 재능을 살려 잡과를 보았어요. 잡과는 역과, 율과, 의과, 음양과로 나뉘는데, 역과는 통역관이 되는 시험이고, 율과는 형법 전문가, 의과는 의원, 음양과는 천문학과 지리학 전문가를 뽑는 시험이었답니다.

　이처럼 옛날에도 다양한 학교와 교육 제도를 통해 전국의 인재를 가려 뽑았어요. 그 인재들이 나라를 이끌고 발전시켰지요.

　자, 그럼 이 책의 주인공 성룡이와 함께 옛날 학교로 떠나 볼까요?

서당

꼬마 도령 성룡, 서당에 들어가다

"성룡아, 너도 이제 여덟 살이니 서당에 가 공부해야지?"

어머니가 말했어요. 성룡은 고개를 절레절레 저었어요.

"서당에 가기 싫어요. 나중에 가면 안 돼요?"

오 형제 중 막내인 성룡은 친구들과 노는 것은 일등인데, 공부하는 것은 죽어라 싫어했어요.

"도대체 너는 왜 그 모양이니? 네 형들은 다들 열심인데."

어머니가 혀를 끌끌 차며 말했어요. 성룡은 어머니의 말은 듣는 둥 마는 둥 잽싸게 밖으로 나가 버렸어요.

하긴 성룡은 자기가 생각해도 좀 이상했어요. 형들은 다들 공부하

서당은 오늘날의 초등학교

서당은 조선 시대의 초등 교육 기관으로, 문자를 익히고 유학의 기초를 배우는 곳이에요. 주로 동짓날에 입학했으며, 입학날에는 훈장님에게 술, 닭 등을 선물로 드리는 것이 예의였어요. 졸업은 보통 15~16세에 했으며, 상급 학교로 옮길 수 있는 수준이 되지 못하면 20세까지 서당에서 공부하기도 했어요.

훈장
서당에서 아이들을 가르치는 선생님이에요. 학식이 깊고 덕망이 있는 어른이 맡았지요.

는 것을 좋아해 각각 향교, 학당, 서원, 성균관 등에 들어가 열심히 공부하는데 성룡은 친구들과 노는 것이 훨씬 더 재미있었으니까요.

성룡의 집안은 원래 양반 집안이었어요. 하지만 지금은 생원인 아버지가 병환으로 몸져누워 있고, 살림도 어려워져 평민이나 마찬가지였어요. 어머니가 삯바느질로 힘든 생계를 겨우 이끌어 가고 있었지요.

하지만 힘든 것은 성룡이네 집뿐만이 아니었어요. 고을 사또가 못된 성격이라 마을 사람 모두 힘든 생활을 하고 있었어요.

사또는 늘 다른 고을보다 더 많은 세금을 거둬들였고, 시도 때도 없이 백성들을 동원해 부려 먹었어요. 멀쩡한 관가를 으리으리하게 수리한다며 백성들을 동원했고, 때로는 잔치를 연다며 마을 아낙네들을 모두 불러 부엌데기로 부려 먹기도 했어요. 백성들은 그런 사또를 다들 미워했지만 대놓고 말을 하지는 못했어요. 말을 했다가는 분

서당의 수업료

주로 봄과 가을에 학부형이 곡식으로 수업료를 냈어요. 곡식으로 낸다 하여 이를 '강미'라 불렀어요. 또 훈장님이 혼인을 하지 않고 혼자 사는 경우에는 땔감이나 의복을 챙겨 주기도 했어요.

명 불호령이 떨어지거나, 불려 가 곤장을 맞을 테니까요.

그날도 성룡은 친구들과 신나게 놀고 늦게야 집에 들어갔어요.

"성룡아, 이리 좀 들어오너라."

어머니가 성룡을 방으로 불렀어요. 그런데 평소와 달리 어머니 목소리가 조금 무겁게 들렸어요. 성룡이 방으로 들어가 앉자 어머니가 사뭇 진지한 목소리로 말했어요.

"네 형들이 다들 왜 그렇게 열심히 공부하는 줄 아느냐?"

성룡은 고개를 갸우뚱거리며 가만히 앉아 있었어요.

"어려워진 우리 집안을 일으켜 세우기 위해서란다. 공부하지 않으면 사람은 더 이상 발전할 수 없어. 공부를 해야 세상 이치를 깨우치고, 나아가 잘못된 세상을 바로잡을 수 있는 사람이 되는 거란다. 그러니 너도 얼른 서당에 들어가거라."

성룡은 어머니 말에 적잖은 충격을 받았어요. 형들이 집안을 일으켜 세우기 위해 공부하는 줄은 꿈에도 몰랐거든요. 또 공부를 하여 잘못된 세상을 바로잡는다는 말도 성룡의 마음을 잡아끌었어요.

성룡은 가만히 고개를 끄덕였어요. 그동안 철없이 놀기만 한 자신이 부끄럽기도 했지요.

다음 날, 성룡은 감나무집 훈장님이 운영히는 서당에 들어갔어요. 그날 아침에 어머니는 성룡에게 붓을 하나 주었어요.

"이것은 네 배냇머리(태어난 후 한 번도 깎지 않은 머리카락)

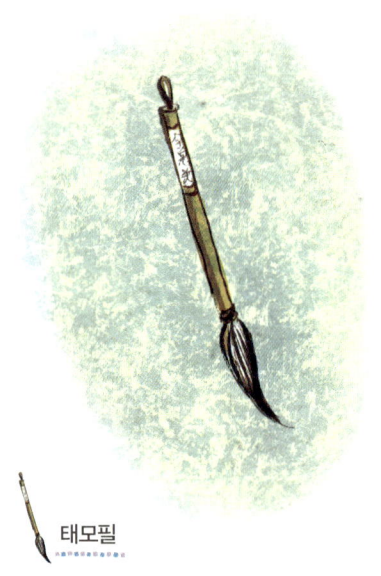

태모필

붓은 주로 도끼, 양, 사슴, 말, 족제비 등 동물 털로 만들지만 태모필은 약 6~9개월 된 아기 머리카락을 잘라 만든 붓이에요. 태모필을 만들면 아기가 머리가 좋아지고, 학문에 힘써 과거에 합격한다는 말이 있었어요.

를 잘라 만든 붓이란다. 태모필이라고 하지. 이제 공부를 시작했으니 열심히 하라는 뜻으로 네게 주마."

성룡은 붓을 책 보따리에 소중하게 넣었어요. 자신의 배냇머리로 만들었다고 하니 왠지 더 소중하게 느껴졌어요.

서당에는 성룡 또래의 아이들이 가장 많았고, 더러는 열넷이나 열다섯 살쯤 된 형들도 있었어요. 공부를 잘하는 형들 중에는 훈장님을 도와 아이들을 가르치는 형들도 있었는데, 이런 형들을 접장이라고 불렀어요.

성룡은 원래 놀기를 좋아하여 서당에서도 열심히 공부하지 않았어요. 《천자문》을 배우는 시간에도 친구들과 장난을 치고 때로는 꾸벅꾸벅 졸기도 했지요.

"이놈, 성룡아! 공부를 할 때는 정신을 바짝 차려야지!"

성룡이 졸거나 장난을 칠 때마다 훈장님이 버럭 소리를 질렀어요. 그러면 성룡은 다시 책을 펴 들고 '하늘 천, 따 지' 하며 책 읽는 시늉을 했지요.

그래도 성룡은 하루도 빠지지 않고 서당에 나가 글을 배웠어요. 처

서당의 학생들

학동이 3~4명인 작은 서당도 있고, 몇십 명이 넘는 큰 서당도 있었어요.

학동
서당에서 공부하는 학생이에요. 보통 7~8세에 입학하여 15~16세에 마치는데, 20세가 넘는 경우도 있었어요.

접장
규모가 큰 서당에서 훈장 혼자 많은 학동을 일일이 가르칠 수 없는 경우에는 학동 가운데서 나이와 지식이 많은 자를 접장으로 뽑아 학동들을 가르치게 했어요.

음에는 영 재미가 없었는데 신기하게도 한 글자, 한 글자 배울 때마다 묘한 기쁨이 있었어요. 또 《천자문》을 다 배워 책거리를 하는 친구를 볼 때는 왠지 부러웠어요.

'나도 얼른 《천자문》을 다 배워 책거리를 해야지.'

성룡은 머리가 좋은 편이라 글자를 배우면 잘 잊어버리지 않았어요. 하지만 며칠 만에 겨우 한 글자를 이해하는 아이들도 있었어요. 그뿐 아니라 몇 달을 공부하고도 책을 잘 읽지 못해 훈장님께 회초리를 맞는 아이도 있었지요.

성룡이 《천자문》을 척척 읽을 때마다 훈장님은 허허 웃으며 칭찬을 해 주었어요.

"장난꾸러기 녀석이 그래도 제법 머리가 비상하구나."

훈장님이 칭찬해 주면 성룡은 으쓱해 하며 더욱 목소리를 높여 책을 읽었어요.

몇 달이 지난 후에 성룡은 드디어 《천자문》을 끝냈어요. 《천자문》을 끝낸 날 훈장님이 정식으로 이렇게 말했어요.

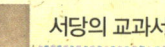

서당의 교과서

서당에서는 주로 《천자문》, 《동몽선습》, 《격몽요결》, 《명심보감》 같은 책을 교과서로 사용했어요.

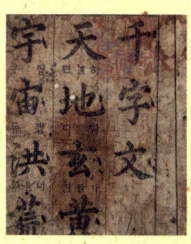

천자문
한문을 처음 배우는 초보자가 배우는 책이에요.

동몽선습
천자문을 익히고 난 후에 배우는 초급 교재로, 유교의 기본적인 도리와 간략한 역사가 담겨 있어요.

격몽요결
학문을 처음 시작하는 아이들이 어떤 마음가짐과 태도로 공부해야 하는지 정리한 책이에요.

명심보감
어린이들의 학습을 위하여 중국 고전에 나오는 말이나 글을 모아 놓은 책으로, 본보기가 될 만한 어구가 담겨 있어요.

"《천자문》은 오늘로 끝났으니 내일부터는 《동몽선습》을 배우도록 해라."

성룡은 뛸 듯이 기뻤어요. 곧장 집으로 달려간 성룡은 어머니께 《천자문》을 다 배웠다고 말씀드렸어요.

"오, 기특하구나, 우리 막내! 이제 너도 제대로 학문의 길로 들어섰구나. 축하한다. 내일 당장 책거리를 해 주마."

어머니는 송편을 빚고 국수와 경단을 만들어 다음 날 서당으로 가져왔어요. 서당에서 책을 한 권 끝내면 훈장님과 접장님, 그리고 동료들에게 음식을 대접하는 책거리는 옛날부터 전해지는 서당 풍습이거든요.

"참 맛있구나."

"성룡이 어머니의 음식 솜씨는 정말 끝내준다."

음식을 나눠 먹고 훈장님도, 접장님도 칭찬을 해 주었어요. 함께 공부하는 친구들도 음식을 맛나게 먹고 성룡의 책거리를 축하해 주었어요.

책거리를 하고 나자 성룡은 뭔가 뿌듯한 기분이 들었어요. 한자를 읽고 쓰는 데 자신감이 생겼고, 덩달아 세상을 보는 눈도 이전보다 훨씬 깊고 넓어진 것 같았어요.

주변 사람들이 공부하는 학동으로 인정해 주는 것도 참 기분이 좋았지요.

책거리

'책씻이', '세책례', '책례'라고도 했어요. 서당에서 책 한 권을 다 읽거나 썼을 때 훈장님과 친구들에게 음식을 차려 대접하는 행사예요. 주로 송편, 국수, 경단 등의 음식을 대접했지요.

송편
꽉 채워져 있는 송편의 소처럼 머릿속에 학문을 꽉 채우라는 바람이 담겨 있어 늘 빠지지 않는 책거리 음식이었어요.

무엇보다 기뻤던 것은 병환으로 몸져누운 아버지가 해 준 말이었어요. 책거리를 하고 집에 갔을 때 아버지는 성룡을 불러 이렇게 말했어요.

"성룡아, 아비는 네가 자랑스럽구나. 앞으로도 열심히 공부하도록 해라."

날마다 '저 장난꾸러기를 어쩌면 좋을꼬.' 하고 탄식만 하던 아버지였는데 서당에 나가서 《천자문》을 떼고 나니 드디어 성룡을 인정해 주는 눈치였어요.

옛날 학교 둘러보기
여러 종류의 서당

서당은 저마다 크기도 다르고 운영하는 사람도 달랐어요. 지금의 과외처럼 일대일 교육을 하는 곳도 있었고, 몇 사람만 가르치는 서당도 있었지요. 형태에 따라 훈장 자영서당, 유지 독영서당, 유지 조합서당, 촌 조합서당 등이 있었어요.

훈장 자영서당
훈장님이 스스로 서당을 세워 학동들을 가르치던 서당이에요. 서당은 사설 교육 기관이라 특별히 나라의 허락을 받을 필요가 없었기 때문에 뜻있는 사람이라면 누구나 서당을 세울 수 있었어요.

유지 독영서당
부유한 양반집에서 자식들의 교육을 위해 세운 서당이에요. 특별히 초빙되어 온 훈장님이 아이들을 가르쳤지요. 때로는 이웃이나 친지의 아이를 몇몇을 불러 함께 무료로 가르치기도 했답니다.

유지 조합서당

그 마을에서 부유한 몇 사람이 운영비를 모아 만든 서당이에요. 훈장님을 초빙하여 자기 아이와 자기 일가의 아이들을 가르치도록 했지요.

촌 조합서당

한마을 사람들이 전부 힘을 모아 만든 서당이에요. 마을 대표가 훈장님을 모셔 와 마을 아이들 모두를 가르치도록 했지요.

향교

지방의 중등 교육 기관, 향교

　　　　어느 날 아침, 어머니가 성룡을 방으로 불렀어요. 어머니 곁에는 치마저고리와 두루마기 같은 옷가지들이 잔뜩 쌓여 있었어요. 어머니는 날마다 일감을 받아 삯바느질을 하느라 정신이 없었어요. 그러는 중에도 몸져누워 있는 아버지를 간병하고, 나머지 시간에는 각 지역으로 떠나 공부하는 아들들 걱정에 쉴 틈이 없었어요.

　어머니가 작은 보따리 하나를 내주며 성룡에게 말했어요.

　"듣자 하니 향교에 가 있는 셋째 형이 배탈이 나 고생이 이만저만이 아닌 모양이다. 그러니 네가 가서 이 보따리를 셋째 형에게 좀 전해 주고 오면 좋겠구나."

　보따리 안에는 비상약과 옷가지, 그리고 간식거리 같은 것들이 들어 있었어요.

"알겠어요, 어머니."

마침 훈장님이 한양에 가는 바람에 서당은 며칠 동안 휴업 중이었어요. 갑자기 훈장님의 친척분이 돌아가셔서 조문을 간 것이지요.

셋째 형 비룡이 다니는 유림 향교는 집에서 그리 멀지 않았어요. 고개를 두 개만 넘으면 유림리가 나오는데 바로 그곳의 산자락에 위치하고 있었어요.

향교에서 공부하는 교생들은 모두 기숙사 생활을 했어요. 서당은 집에서 오가며 다니지만 향교와 학당, 성균관 같은 학교는 모두 기숙사가 있어서 교생들이 학교 안에서 먹고 자고 한답니다.

향교, 지방의 중등 교육 기관

향교는 지방에 설치한 중등 교육 기관이에요. 나라에서 운영했기 때문에 '관학'이라고 하지요. 향교는 관학이기 때문에 국비로 운영되었어요. 그래서 교생들은 돈을 내지 않고 다녔답니다.

그뿐이 아니에요. 향교는 국비로 운영되기 때문에 교생들은 돈을 내지 않고 다녔지요.

성룡은 보따리를 들고 바로 집에서 나왔어요. 집에 있을 때도 셋째 형 비룡은 배탈이 자주 났어요. 조금 차가운 음식을 먹거나 과식을 하면 바로 배탈이 나는 바람에 의원을 찾아가 약을 지어다 먹고는 했지요. 어릴 때부터 몸도 좀 약한 편이었어요.

성룡은 당산마루를 넘어 곧장 유림리로 발걸음을 재촉했어요. 반나절이면 충분히 갔다 올 수 있을 것 같았어요.

향교의 입학 자격

서당을 졸업한 양반과 평민들이 향교에 들어가서 공부했어요. 16세 이상이 되어야 입학할 수 있었는데, 때로는 '동몽'이라 불리는, 어린 아이들이 입학하기도 했어요. 향교에서 공부하는 교생들의 나이는 보통 16~40세였어요.

해가 중천에 걸렸을 무렵 성룡은 유림 향교에 도착했어요.

"어서 와라, 막내야."

향교에서 일하는 노비가 연락을 하여 금세 비룡 형이 성룡을 맞으러 나왔어요. 역시 어머니 말대로 형은 기운이 빠져 보이고 얼굴색도 좋지 않았어요.

"셋째 형, 배탈이 났다고 하던데 아직도 안 나은 거야?"

"며칠 전부터 속이 좋지 않아 계속 설사를 했더니 기운이 좀 빠져서 그래."

비록 얼굴색은 좋지 않았지만 비룡 형은 오랜만에 만난 막내 성룡을 쳐다보며 빙그레 미소 지었어요.

"그래도 우리 막내 얼굴을 보니까 기운이 좀 난다. 앞장설 테니 따라와라."

비룡 형은 뒷짐을 지고 의젓하게 향교 안으로 향했어요. 뒤에서 보니 정말 선비처럼 의젓한 모습이었어요.

'하기는 셋째 형이 벌써 열여섯 살이니 이미 어른이나 마찬가지지.'

성룡은 셋째 형의 뒷모습을 쳐다보며 그렇게 생각했어요.

"성룡아, 여기가 바로 문묘다. 향교에 왔으니 최소한 예의는 갖추어야지."

"여기가 뭐 하는 곳인데요?"

"문묘는 공자님을 모신 사당이야."

향교는 문화 중심지

향교는 지방 지식인들이 모이는 곳이라 주로 이곳에서 지방의 문화 행사가 거행되었어요. 공자님에게 지내는 제사도 향교에서 열렸고, 그 외에 사직제, 성황제, 기우제 등도 향교에서 열렸어요.

공자님이란 말에 성룡은 얼른 옷매무새를 바로잡고 문묘를 향해 공손히 인사를 드렸어요. 그러자 비룡 형이 "막내도 이제 의젓하네." 하고 농담하며 하하 웃었어요.

성룡은 형을 따라 기숙사인 동재로 들어갔어요.

"그래, 아버님 병세는 좀 어떠시니?"

"어머니가 용한 의원님을 모셔 오기도 하고, 때때로 좋은 탕약도 해 드리는데 좋아지지도 않고, 나빠지지도 않고 늘 그만하세요."

비룡 형은 가만히 고개를 끄덕이더니 이번에는 고을 사또에 대해 물었어요.

"사또 나리는 어떠니? 요즘도 백성들을 못살게 괴롭히니?"

"예. 다들 수군거리며 사또 나리 때문에 못살겠다고 해요."

비룡 형은 '휴' 한숨을 내쉬었어요. 그리고는 중얼거리듯 이렇게 덧붙였어요.

"공부를 더 열심히 해서 주저앉은 우리 집도 다시 일으키고, 잘못된 세상도 바로잡아야 하는데, 이렇게 몸이 아파 걱정이다. 얼마 후에는 이번 달 성적 평가 시험도 있는데."

그때 성룡이 얼른 보따리를 앞으로 내밀며 말했어요.

"참, 셋째 형. 여기 보따리 안에 배탈 특효약이 있어요. 어머니가 특별히 대추나무 의원님 댁에서 지어 왔어요."

"오, 그래?"

비룡 형은 재빨리 보따리를 풀었어요. 깨끗이 손질된 옷가지와 간식, 그리고 그 아래에 천으로 소중하게 다시 한번 싸맨 비상약이 들어 있었어요.

비룡 형은 약 봉투를 들고 가만히 미소 지었어요.

"어머니의 마음이 고스란히 들어 있는 것 같구나. 집에 가거든 어머니께 정말 고맙다고 전해다오. 잊지 말고 꼭 전해라."

"알았어요, 형."

슬쩍 건너다보니 비룡 형의 눈에 반짝 이슬이 맺혀 있었어요.

비룡 형은 성룡에게 향교 건물도 구경시켜 주었어요.

향교에는 공자를 모신 사당인 문묘와 교생들이 공부하는 명륜당, 기숙사인 동재와 서재 등 많은 건물이 있었어요.

향교 건물들을 구경하다가 비룡 형의 친구들도 만났어요.

"눈이 초롱초롱한 게 아주 똘똘해 보이는걸."

"그러게나 말이야. 비룡이 현명하니 그 동생도 마찬가지로 똑똑하겠지."

형의 친구들이 성룡의 머리를 쓰다듬으며 덕담을 해 주었어요. 성룡은 의젓한 형들을 보며 자기도 앞으로 서당에서 더욱 열심히 공부해야겠다고 혼자 마음속으로 다짐했어요.

해가 산마루에 걸려 있는 것을 보고 성룡은 서둘러 떠날 채비를 했어요.

향교 앞에서 비룡 형이 성룡의 손을 잡고 말했어요.

"성룡아, 우리 집안이 흥하고 망하는 것은 우리 오 형제에게 달렸다. 형도 여기서 학문에 매진할 테니 너도 서당에서 열심히 공부해라. 집안도 우뚝 세우고 아버지 어머니께 효도하며 행복하게 사는 게 내 꿈이다."

비룡 형이 그렇게 말하며 건너편 산을 물끄러미 바라보았어요. 성룡은 뭔가 뭉클한 것이 가슴에 맺히는 느낌이었어요. 전에는 잘 몰랐던 가족에 대한 사랑과 형제의 우애를 새롭게 알게 된 것 같았어요.

성룡은 괜히 머쓱해져 말을 돌렸어요.

"형, 그런데 배탈 난 건 좀 어때요?"

형이 히죽 웃으며 말했어요.

"좋아졌어. 어머니가 보낸 약을 먹으니 금세 설사가 멈췄지 뭐냐."

"와, 다행이다!"

성룡도 형을 마주 보며 히히 웃었어요.

성룡이 큰길로 나설 때 비룡 형이 소매에서 무언가를 꺼내 건네주었어요.

"《격몽요결》이다. 서당에서도 배우는 책이니 미리 한번 읽어 보면 좋을 거야."

"고마워요, 형."

성룡은 《격몽요결》을 옆구리에 끼고 부리나케 집으로 향했어요.

옛날 학교 둘러보기
향교의 건물들

향교는 조선 시대에 국가가 지방에 설치한 중등 교육 기관이에요. 향교에는 공자의 제사를 지내는 문묘가 있었고, 그 밖에 명륜당, 동재, 서재 등의 건물들이 있었어요.

서재
명륜당 서쪽에 있는 기숙사로 양반의 자제가 아닌 교생들이 사용했지요.

외삼문
바깥 담에 세 칸으로 세운 대문이에요.

사부 학당

한양의 중등 교육 기관, 사부 학당

　　　　　　한양에서 성룡의 아버지 앞으로 서찰이 하나 도착했어요. 보낸 사람은 한양 중부 학당의 교수님인데 옛날에 아버지와 함께 공부를 하던 벗이었어요.

　서찰을 펼쳐 읽어 보던 아버지의 얼굴에 보일 듯 말 듯 그늘이 어렸어요.

　"아버님, 무슨 서찰이에요?"

　성룡이 눈치를 살피며 물었어요.

　"아무것도 아니다."

　아버지는 흠흠 헛기침을 하며 서찰을 한쪽으로 치워 놓았어요.

　잠시 후 아버지는 어머니를 방으로 불러 무언가 상의했어요. 아버지와 어머니는 꽤 한참 동안 두런두런 이야기를 나누었어요.

성룡은 도대체 서찰에 무슨 내용이 담겨 있는지 정말 궁금했어요.

'한양 중부 학당에서 온 서찰이라면 소룡 형과 관련이 있는 것 같은데?'

성룡은 혼자 그렇게 생각했어요.

넷째 형 소룡은 이제 열네 살이지만 매우 똑똑하여 서당을 일찌감치 졸업하고 한양의 중부 학당으로 진학했어요. 열다섯 살까지 서당에 다니다가 향교에 갈 수도 있는데 소룡 형이 우겨서 한양으로 간 것이었어요.

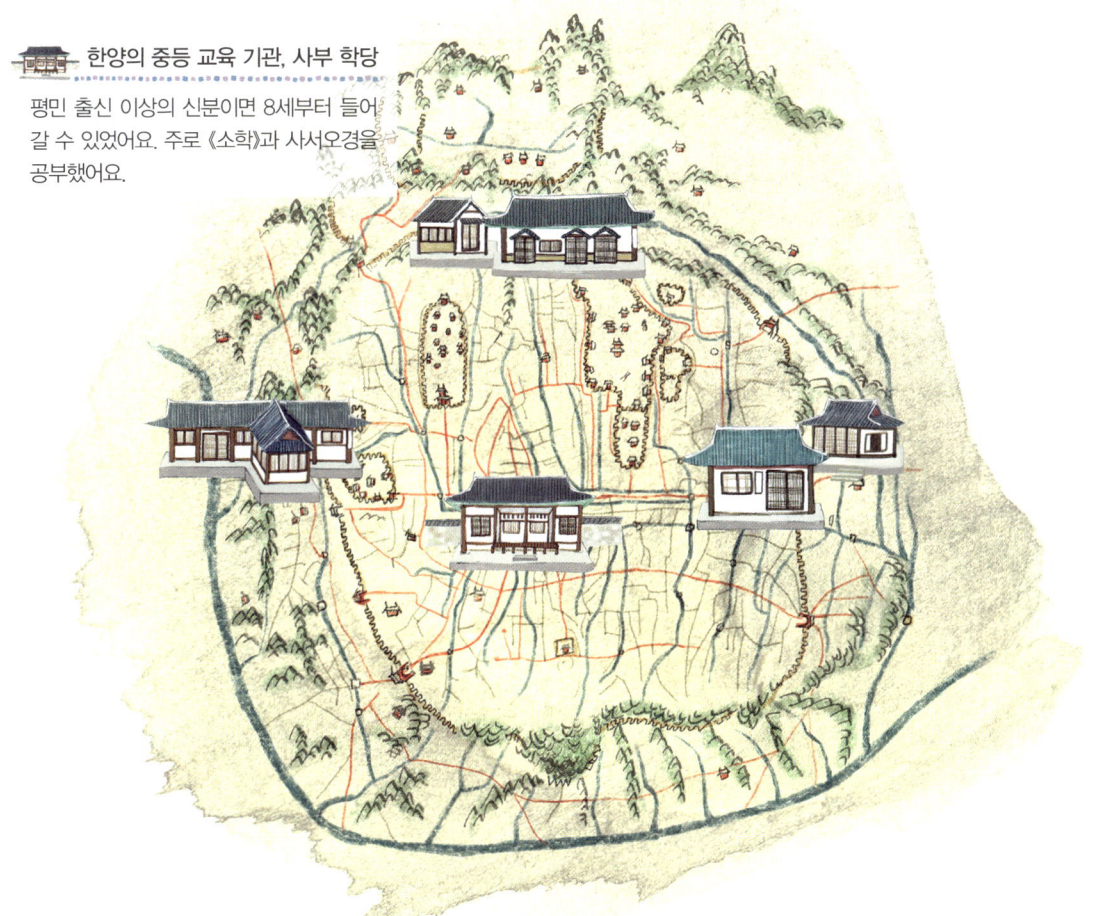

한양의 중등 교육 기관, 사부 학당
평민 출신 이상의 신분이면 8세부터 들어갈 수 있었어요. 주로 《소학》과 사서오경을 공부했어요.

아버지와 어머니는 종종 이런 대화를 주고받았어요.

"넷째 소룡이는 총명하지만 어릴 때부터 벼슬에 대한 욕심이 아주 많았지요?"

"맞소. 그러니 어린것이 그 먼 한양까지 가서 공부하겠다고 우긴 것 아니오."

사실 아버지와 어머니는 넷째 형 소룡을 걱정하면서도 한편으로는 꽤 기대를 하고 있는 눈치였어요.

며칠 뒤 어머니가 성룡을 불러 말했어요.

"성룡아, 네가 한양에 좀 다녀와야겠다. 내가 가야 마땅하겠지만 바느질이 밀려 짬을 낼 수가 없구나."

성룡은 깜짝 놀랐어요. 어린 자신이 먼 한양까지 갈 수 있을지 자신이 없었어요.

"걱정 마라. 어린 너만을 어떻게 보내겠니. 이웃집 만수에게 부탁했으니 함께 다녀오너라. 만수는 듬직하니 별걱정 없을 게다."

올해 열일곱 살인 만수 형은 성룡과도 아주 친하게 지냈어요. 만수 형은 평민 출신인데 무과 시험을 보려고 무예 훈련을 열심히 하고 있었어요.

마침 서당은 농사일이 바빠져 며칠 전부터 효도 방학을 시작했어요. 서당에서는 바쁜 농사철이 되면 때때로 휴업을 하여 부모님의 일손을 돕도록 했지요.

드디어 성룡이 만수 형과 한양으로 떠나는 날이 되었어요. 어머니는 아버지가 써 준 서찰을 성룡에게 건네며 이렇게 말했어요.

"학당 교수님께서 소룡이의 공부하는 마음 자세에 대해 걱정하는 서찰을 보내 와 아버님이 소룡이에게 글을 쓰셨단다. 그러니 네가 가서 잘 전해라. 그리고 한양 구경도 하고, 학당 구경도 하면 너에게도 도움이 될 게다."

"알겠어요."

성룡은 소룡 형의 공부하는 마음 자세가 왜 걱정이란 말인지 잘 알 수 없었지만 한양에 가 보면 알겠지 하는 마음으로 어머니가 건네준 서찰을 받았어요. 그리고 어머니가 준비해 준 괴나리봇짐을 지고 만수 형과 함께 집을 나섰어요. 성룡의 집은 시골이지만 한양과 그리 멀지 않은 과천이라 1박 2일이면 다녀올 수 있을 만한 거리였어요.

성룡은 만수 형과 부지런히 걸어 남태령 고개를 넘었어요. 그리고 한강에서 배를 타고 한양으로 들어갔어요. 가는 길에 배가 고파 나무 그늘에 앉아 어머니가 싸 준 떡으로 요기도 했지요.

한양 시내는 눈이 휘둥그레질 만큼 큰 집도 많고 사람도 많았어요. 사람들이 몰려 있는 시장 길을 지날 때는 만수 형을 잃어버릴까 봐 손을 꼭 잡고 걸었어요.

만수 형이 사람들에게 물어 해가 질 무렵에야 종로에 있는 중부 학당에 당도했어요. 나라에서 지은 학당이라 규모도 크고 깨끗했어요.

"이게 얼마 만이냐? 어서 와, 성룡아. 만수 형도 오랜만이네요."

소룡 형이 성룡을 알아보고 와락 끌어안았어요. 소룡 형은 열네 살이나 되었지만 고향 집에 있을 때와 마찬가지로 빼빼 마르고 키도 별로 크지 않았어요. 하지만 눈빛만은 남다르게 반짝반짝 빛이 났어요.

학당에는 공자님을 모신 사당은 없고 오로지 학문을 배우는 건물과 기숙사 건물만 서 있었어요. 가만 보니 학당에는 성룡이처럼 어린 아이들도 많았어요. 알고 보니 <mark>학당은 평민 출신 이상의 신분이면 여덟 살부터 들어갈 수 있었어요.</mark> 그러니까 학당은 서당과 향교를 합쳐 놓은, 한양에 있는 국립 배움터인 셈이었어요.

소룡 형은 성룡과 만수 형을 데리고 기숙사로 들어갔어요. 자리에 앉자 성룡은 얼른 아버지의 서찰을 소룡 형에게 건넸어요.

소룡 형은 서찰을 펼쳐 읽기 시작했어요.

소룡아,
잘 있었느냐? 네가 어찌 공부하는지 걱정이 되어 아비의 마음을 적어 보낸다.
학문은 나를 안으로 깊이 가라앉혀 하나둘 세상의 이치를 깨달아 가는 것이다. 과거에 급제해 벼슬을 얻고 권력을 얻어 나만 행복하게 살려고 공부하는 것은 아니다.
인의예지신을 알지 않느냐? 어질고, 의롭고, 예의 바르며, 높은 지식을 쌓고, 믿음직한 것이 바로 선비의 길이니, 벼슬 욕심을 이루기 위해 공부해서는 안 된다.
우리 가족은 네가 높은 벼슬을 얻는 것보다 세상 사람들에게 존경을 받고 명예를 소중히 하는 사람이 되기를 바란다. 명심하여라. 그리고 항상 네 곁에 이 아비의 마음이 함께 있음을 잊지 말아라.

소룡 형은 서찰을 다 읽고 가만히 고개를 끄덕였어요. 성룡도 곁에서 서찰을 읽었어요. 내용을 보고서야 성룡은 소룡 형의 공부에 어떤 문제가 있는지 어렴풋이 알 것 같았어요. 역시 소룡 형의 끝없는 벼슬 욕심이 문제였어요.

"어떻게 아버님께서는 내 마음을 이리도 잘 헤아리고 계실까? 바로 옆에서 나를 보고 있는 것 같아."

소룡 형은 학당 교수님이 서찰 보낸 것을 모르고 있기 때문에 아버지의 서찰을 읽고 그렇게 말했어요. 성룡은 교수님으로부터 서찰이 왔었다고 말을 할까 하다가 그냥 입을 다물었어요. 그러는 것이 소룡 형에게 더 도움이 될 것 같아서였지요.

"넷째 형, 어머니가 이것도 싸 주셨어."

성룡은 얼른 보따리를 앞으로 내밀었어요. 옷가지와 간식, 생활용품, 그리고 아버지가 보낸 책들이었어요.

"그래, 고마워. 어머니께 고맙게 받았다고 전해다오."

누가 무엇을 가르칠까?

학당에서는 《소학》과 사서오경을 중심으로 학문을 가르쳤어요. 각 학당에는 2명의 교수님(종6품)과, 2명의 훈도님(종9품)이 있었어요. 학생들은 5일마다 시험을 보았고, 1년 동안의 성적은 임금님에게까지 보고되었어요.

그렇게 말하면서도 소룡 형은 서찰을 다시 한번 읽어 보았어요. 그러고는 조용히 말했어요.

"아버님께도 전해다오. 꼭 아버님이 원하는 그런 사람이 될 테니 너무 걱정 마시라고 말이야."

"알았어, 형."

"그리고 곧 소과에 응시할 거라는 말도 전해다오. 소과에 급제하면 당당히 성균관에 들어갈 수 있어. 형이 꼭 소과에 도전해서 급제하고 말 테니까 두고 봐."

성룡은 그렇게 말하는 소룡 형이 참 대단해 보였어요. 어린 나이에 한양까지 와서 당당하게 공부하는 것도 대단해 보였고, 성균관에 들어가겠다는 꿈도 대단해 보였어요. 또 부모님들이 지나친 벼슬 욕심 때문에 걱정을 한다고 하지만 성룡은 그런 욕심도 멋져 보였어요. 벼슬 욕심이 있으니까 공부 욕심도 있고, 그래서 코피가 터지도록 열심히 공부하는 소룡 형이 대단해 보인 거예요.

옛날 학교 둘러보기
한양 네 곳에 있는 사부 학당

조선 시대에 한양은 동부, 서부, 남부, 북부, 중부 등 다섯 개의 행정 구역(오부)으로 나누어져 있었어요. 그래서 오부에 각각 학당을 세워 오부학당을 만들려고 했으나, 북부에 학당이 세워지지 않아 결국 사부 학당이 되었어요.

남부 학당

1411년에 사부 학당 중 가장 먼저 세워졌어요. 지금의 서울 중구 남학동 자리예요. 남학동은 남부 학당이 있던 곳이라 붙여진 이름이에요.

중부 학당

1422년 지금의 서울 종로구 중학동에 세워졌어요. 중학동은 중부 학당이 있던 곳이라 붙여진 이름이지요.

서부 학당
1435년 지금의 종로구 광화문에 세워졌어요.

동부 학당
언제 지어졌는지 밝혀지지 않았지만 1438년에 지금의 동대문 옆 흥인지문공원 위치에 있던 건물을 사용했다는 기록이 남아 있어요.

선비들이 모여 공부하던 서원

다음 날 아침, 성룡과 만수 형은 일찌감치 주막을 나서 고향 집으로 향했어요.

만수 형이 남태령 고개를 넘으며 말했어요.

"한양은 정말 크고 넓더라. 나도 꼭 무과에 급제해서 한양에서 근무해야지."

"그러세요. 형은 충분히 무과에 급제할 거예요. 힘도 세고 무술 솜씨도 좋으니까요."

성룡의 말에 만수 형은 벌써 무과에 급제라도 한 것처럼 신나게 웃어 댔어요.

"고맙다, 성룡아. 너도 열심히 공부해서 꼭 과거에 급제해라."

"그야 물론이죠."

이런저런 이야기를 주고받다 보니 어느새 고향 마을 입구에 당도했어요.

한양에 다녀온 이후 성룡은 더욱 열심히 공부했어요. 코피가 나도록 열심히 공부하는 소룡 형에게 자극을 받은 거예요. 서당에서 공부하다가 향교나 한양의 사부 학당에 진학하고, 또 과거도 보아 당당하게 급제하고 싶었어요.

그러던 어느 날이었어요. 서당에 다녀왔는데 갑자기 아버지가 열이

사설 교육 기관, 서원

조선 시대에 유학의 현인들을 제사하고, 인재를 키우기 위해 지방에 세운 사설 교육 기관이에요. 서원은 부유한 지방 유림들이 기증한 땅이나 노비를 기반으로 운영됐어요. 또 나라에서 후원해 주기도 하여 원생들은 무료로 공부할 수 있었어요. 한때 서원은 전국에 900개 정도 있었답니다.

펄펄 나면서 병환이 심해졌어요. 어머니는 계속 물수건을 적셔 아버지 머리에 얹어 놓았어요. 그래도 열은 잘 내려가지 않았어요. 아버지는 이제 헛소리까지 하고 사람도 잘 알아보지 못했어요.

어머니가 성룡에게 말했어요.

"얘야, 어서 가서 성칠이를 좀 불러와라."

성룡은 잽싸게 성칠 형 집으로 달려가 형을 데려왔어요. 외가 쪽 먼 친척인 성칠 형은 중인 출신인데 몇 년 전부터 의원이 되려고 공부하고 있었어요.

성칠 형은 아버지 상태를 보더니 간단한 약재를 만들어 주었어요. 그러고는 어머니에게 말했어요.

"이것으로 탕약을 만들어 드리면 우선 위험한 고비는 넘길 수 있을 겁니다. 그리고 여우재 넘어 서문리에 용한 의원이 있는데 가서 제가 모셔 올까요?"

어머니는 어찌할 바를 몰라 얼른 고개를 끄덕였어요. 그때 성룡이 말했어요.

"어머니, 저도 성칠이 형과 같이 갔다 올게요."

성룡은 성칠 형과 함께 곧장 여우재를 향해 달렸어요. 가는 길에 성룡은 포졸들이 어느 집에서 난동을 부리는 것을 보았어요. 포졸들은 세금을 내지 않는다며 한 농부의 멱살을 잡고 때리고 있었어요.

"아이고 나리, 먹을 것도 없는데 세금을 어떻게 냅니까? 가을에 추

서원의 원생

서원의 원생은 주로 양반 자제였어요. 유교적 소양을 갖추고 있고, 생원이나 진사 시험에 합격한 사람들이었지요. 원생들은 과거 시험을 준비하기 위해 공부하는 경우도 있고, 오로지 성리학 연구에 목적을 둔 원생도 있었어요.

수하면 밀린 것까지 다 낼 테니 좀 봐주십시오."

농부는 손이 발이 되도록 빌었어요. 하지만 포졸들은 들은 척도 하지 않고 농부를 관아로 끌고 갔어요.

그 광경을 보고 성칠 형이 혀를 끌끌 찼어요.

"못된 사또가 마을 사람들 피를 다 빨아먹는구나. 참 더러운 세상이다."

성룡도 끌려가는 농부가 불쌍해 저절로 눈가가 촉촉이 젖었어요. 주변에서 구경하던 마을 사람들도 다들 혀를 차며 고개를 저었어요.

 서쾌

조선 시대에 책을 중개하던 중개 상인이에요. 서쾌가 필사생에게 책을 베껴 쓰게 하여 필사된 책을 필요한 사람에게 팔았어요.

"일단은 아버님이 아프시니 어서 재를 넘어가자."

성칠 형이 갑자기 발걸음을 빨리 옮겼어요. 성룡도 얼른 정신을 차리고 부리나케 따라갔어요. 그런데 이게 웬일인가요. 서문리 의원 집에 당도했을 때 성룡은 우연히 그 근처에서 둘째 형 기룡을 만났어요.

"성룡아, 어쩐 일로 여기까지 왔느냐?"

"아버님 병환이 심해져 의원님을 모시러 왔어요. 그런데 형은 왜 여기 있어요?"

"난 서원에서 볼 책을 사려고 서쾌를 만나러 나왔다."

형은 그렇게 말하더니 책보다 아버지가 급하다며 의원 집에 함께 가자고 했어요.

세 사람은 곧장 의원 집으로 찾아갔어요. 들어가자마자 병에 대해 잘 아는 성칠 형이 아버지 병세에 대해 자세히 설명했어요. 그러자 의원님이 왕진 준비를 하며 말했어요.

"필요한 약재와 기구를 준비해야 하니 좀 기다리시오."

기룡 형은 발을 동동 구르다가 성룡에게 말했어요.

"성룡아, 나랑 서원에 좀 다녀오자. 나도 너랑 같이 집에 가야겠으니 서원에 가서 원장님께 허락을 받아야겠다."

기룡 형은 성룡의 손을 잡고 부리나케 밖으로 나갔어요. 성룡은 얼떨결에 형의 손을 잡고 형이 공부하는 용문 서원으로 갔어요. 알고 보니 용문 서원은 서문리에서 아주 가까이에 있는 서원이었어요.

허겁지겁 용문 서원으로 달려 들어간 형은 원장님을 만나 고향 집에 다녀와도 좋다는 허락을 받았어요. 형이 허락을 받는 동안 성룡은 번듯한 서원 건물들을 둘러보았어요. 어디선가 낭랑하게 책을 읽는 소리도 들려왔어요.

성룡은 다시 기룡 형과 함께 의원 집으로 달려갔어요. 가면서 기룡 형은 서원에 대해 간단히 설명해 주었어요. 서원은 지방 유림들이 후원해 주고, 나라에서도 도와주어 무료로 공부할 수 있는 사립 학교라고 했어요.

의원 집에 당도한 성룡과 기룡 형제는 성칠 형과 의원님을 모시고 다시 여우재로 향했어요. 네 사람은 늦은 밤이 되어서야 고향 집에 당도했어요.

"침과 뜸을 놓고 탕약을 드셨으니 곧 열이 내리고 정신도 돌아올 것이오."

의원님이 아버지의 진료를 마치자 다들 마음이 놓였어요.

다음 날 오후에 아버지는 다행히 열도 내리고 정신도 원래대로 돌아왔어요.

"둘째야, 네가 웬일이냐?"

아버지가 기룡 형을 보고 물었어요. 기룡 형은 우연히 성룡을 만난 것부터 자초지종을 말씀 드렸어요. 아버지는 가만히 고개를 끄덕이며 다시 물었어요.

"이번에 너도 과거에 응시할 것이냐?"

"응시하지 않을 것입니다. 저는 관직에 나가는 것보다 학자로서 공부에 전념하고 싶습니다."

"왜 그런 생각을 했느냐?"

"관직을 얻으면 남들이 우러러보지만 그 안에는 권력욕에 눈이 먼 사람들의 질투와 시기, 끝없는 정쟁이 있습니다. 그래서 저는 관직에 나가는 것보다 순수하게 학자로서 세상에 이득이 되는 일을 하고 싶습니다."

"어떤 일을 하겠다는 것이냐?"

"학문을 연구하여 바르게 사는 길을 찾고, 그것을 책으로 쓴다면 많은 사람이 제 글에서 희망을 얻을 것입니다. 관직으로 백 명을 보살필 수 있다면 책으로는 천 명, 만 명을 보살필 수 있습니다."

"허허, 좋은 생각이로구나. 권력 욕심도, 부자가 되겠다는 욕심도 없으니 네가 진짜 선비로다. 그렇다면 어디 네 뜻대로 해 보아라."

성룡은 툇마루에 걸터앉아 아버지와 기룡 형의 대화를 모두 들었어요. 성룡은 기룡 형의 말에서 참으로 신선한 느낌을 받았어요. 학문을 하면 당연히 과거를 보아 관직에 나가는 것인 줄 알았는데 순수하게 학자로 사는 길도 있다는 것이 신기했지요.

옛날 학교 둘러보기
지금까지 남아 있는 유명 서원

우리나라 최초의 서원은 1543년에 풍기 군수 주세붕이 세운 백운동 서원이에요.
이를 포함해 지금까지 남아 있는 유명한 서원들 가운데 아홉 곳이
2019년 유네스코 세계문화유산으로 등재되었어요.

소수 서원
경상북도 영주시 순흥면에 있어요.
원래는 백운동 서원으로 불리다가 명종이 소수
서원이란 이름을 지어 주어 이름이 바뀌었어요.
고려 때의 유학자 안향의 위패를 모신 서원이에요.

옥산 서원
경상북도 경주시 안강읍에 있어요.
조선의 유학자 이언적의 위패를 모신 서원으로
우리나라 서원 중에서 가장 많은 책을 보관하고
있답니다.

도동 서원
대구광역시 달성군 구지면에 있어요.
조선의 유학자 김굉필의 위패를 모신
서원이에요. 원래 서원은 임진왜란 때
불에 타 없어졌는데 1604년 현재 위치에
짓기 시작해 이듬해에 완공했답니다.

도산 서원

경상북도 안동시 도산면에 있어요. 조선 최고의 유학자 이황의 위패를 모신 서원으로, 4,000권이 넘는 책을 보관하고 있지요. 이황의 유품도 남아 있답니다.

병산 서원

경상북도 안동시 풍천면에 있어요. 조선 시대 선조 때의 재상 유성룡의 위패를 모신 서원으로 많은 학자를 배출했어요. 유성룡의 문집과 3,000권의 책이 보관되어 있답니다.

필암 서원

전라남도 장성군 황룡면에 있어요. 조선의 문신 김인후의 위패를 모신 서원으로, 매년 4월과 9월에 김인후를 기리는 제를 열고 있답니다.

과거 제도-소과

과거 시험의 첫 번째 관문, 소과

기룡 형은 집에서 이틀을 머문 뒤 용문 서원으로 돌아갔어요. 다행히 아버지는 위급한 상황을 넘기고 이전과 비슷한 상태로 자리에 누워 있었어요. 어머니는 여전히 삯바느질로 생계를 책임지고 있었고, 성룡은 열심히 서당에 나가 공부를 했어요. 해가 바뀐 후부터는 《격몽요결》을 배우며 하루가 다르게 의젓해져 갔지요.

"네가 이제 아홉 살이로구나. 서당 공부는 재미있느냐?"

어머니는 바느질을 하며 종종 그렇게 물었어요.

"예. 하루하루 모르는 것을 알아가는 것이 참 즐겁습니다."

성룡은 서당에서 돌아오면 일부러 큰 목소리로 책을 읽고는 했어요. 그러면 책 읽는 소리가 듣기 좋다며 아버지도 또 어머니도 흐뭇한 표정을 지으시거든요.

그해 봄이 되자 집으로 두 통의 서찰이 왔어요. 하나는 향교에 있는 셋째 형 비룡이 보낸 것이고, 다른 하나는 한양 중부 학당에 있는 넷째 형 소룡이 보낸 것이었어요. 그런데 내용은 둘 다 비슷했어요. 올봄에 두 형이 소과에 응시하겠다는 내용이었어요. 소과는 문관을 뽑는 과거의 첫 번째 시험이에요. 소과에 합격하면 성균관에 입학할 수 있는 자격이 생기고, 다음 단계의 시험인 대과에 응시할 수 있는 자격도 생겨요. 시험장은 한양이었지요.

 소과

문관을 뽑는 과거 시험에서 첫 번째 관문에 해당하는 시험이에요.
생원과 진사를 뽑는 시험이라 하여 '생진과'라고도 했어요.

소과에 합격하면…

소과에 합격하면 백패라는 합격증을 받아요. 그리고 성균관에 입학할 수 있는 자격을 얻지요. 또 대과에 응시할 수 있는 자격도 생겨요. 하지만 상급 학교에 진학하지 않고, 그냥 하급 관리가 되기도 한답니다.

백패
흰 종이에 검은 글씨로 합격한 사람의 관직 이름, 성명, 시험 과목의 종류(생원시, 진사시 등), 성적 등급 등을 적고 연월일을 쓴 다음 어보를 찍었어요.

한양에 가 본 적이 있는 성룡은 형들이 시험을 보는 곳에 가서 응원을 해 주고 싶었어요.

또 이참에 한양 구경도 한 번 더 하고 싶었지요. 하지만 먼저 어머니한테 한양에 보내 달라고 말하지는 못했어요.

그런데 시험 전날이 마침 한양에 사는 큰아버지 생신이었어요. 어머니는 큰아버지한테 보낼 선물로 두루마기를 만들고 있었지요. 아버지가 몸져누워 있고, 어머니도 시간을 내기 힘들어 선물이라도 보내겠다고 벌써 한 달 전부터 짬짬이 두루마기를 짓고 있었어요. 성룡은 잘하면 한양에 갈 일이 생길지도 모른다고 기대하고 있었어요. 아니나 다를까 시험을 며칠 앞둔 어느 날 어머니가 성룡을 불렀어요.

"네가 한양에 좀 다녀와야겠다. 큰아버지 댁에 두루마기를 전하고 오너라. 어제 만수를 만났는데 그 아이도 한양에 병서를 구하러 가야 한다더라. 그러니 이번에도 둘이 다녀오너라."

"그럼 간 김에 소룡, 비룡 형 시험장에도 가 보고 싶은데요."

"그래, 거기도 가서 형들을 응원하고 오너라. 시험장을 미리 봐 두면 너에게도 도움이 될 테지."

야호! 성룡은 자기 뜻대로 일이 술술 풀리는 것 같아 기분이 참 좋았어요.

이틀 뒤 성룡은 만수 형과 두 번째로 한양 여행에 나섰어요.

남태령 고개를 넘고 한강에서 배를 타고 한양으로 건너갔어요. 그런데 어쩐지 만수 형의 얼굴이 별로 밝지가 않았어요.

"형, 왜 그래요? 무슨 걱정 있어요?"

"어, 별거 아니야. 나도 곧 무과 시험을 봐야 하는데 걱정이 돼서 그래."

"무슨 걱정이요? 형은 무술 실력으로는 최고잖아요."

"나도 알아. 무술은 자신 있는데 병시 공부가 시원찮아서 그래."

성룡은 그제야 고개를 끄덕였어요. 만수 형은 아직도 글 읽는 것이 서툴러서 병서를 읽을 때마다 어린 성룡에게 묻고는 했지요.

무과 시험은 활쏘기, 말타기 등 실기만 보는 것이 아니라 병서를 비롯하여 사서오경, 《경국대전》에 관해서 시험관과 마주 보고 치르는 구술시험도 있답니다.

한양 사대문 안으로 들어선 뒤 만수 형은 미리 연락해 둔 서쾌를 찾아갔어요. 무과 시험에 꼭 필요한 병서를 구하고 나서 다시 발길을 돌려 성룡의 큰아버지 댁으로 향했어요.

어린 성룡이 큰아버지 댁으로 들어서자 큰어머니가 깜짝 놀라 소리쳤어요.

"어머나! 어서 오너라. 어린 네가 한양까지 어떻게 왔느냐?"

"안녕하세요, 큰어머니. 저 혼자 온 게 아니라 여기 같은 마을 형하고 함께 왔어요."

그러자 큰아버지가 사랑방에서 나오며 말했어요.

"어리긴 뭐가 어리다고 그러시오. 아홉 살이면 혼인도 하는 나이 아니오. 그리고 이웃 형과 같이 왔으니 뭐 놀랄 일도 아니지 않소."

성룡은 방으로 들어가 큰아버지, 큰어머니께 공손히 절을 올렸어요. 그리고 어머니가 생신 선물로 준 두루마기도 큰아버지에게 전달했어요.

큰아버지는 오 형제가 어떻게 공부하고 있는지 묻고, 아버지 병세에 대해서도 자세히 물었어요.

"먼 길 오느라 피곤할 테니 이르게 저녁 먹고 쉬도록 해라."

옛날 서점

조선 시대에는 책을 만들고 관리하는 교서관이 있었어요. 하지만 교서관에서 만든 책은 수량이 많지 않아 늘 책이 부족했어요. 그래서 책 중개상인 서쾌가 민간인들에게 필사된 책을 팔았답니다.

성룡은 만수 형과 푸짐한 저녁상을 받았어요. 먼 길을 걸어온 데다 배까지 부르니 저절로 잠이 쏟아졌어요. 성룡은 자기도 모르게 까무룩 잠이 들어 다음 날 아침까지 푹 잤어요.

다음 날은 큰아버지 생신이라 축하객들이 구름처럼 집으로 몰려왔어요.

"이 진사, 생신 축하하오."

"어서들 오시오."

집 안이 온종일 북적거리고 일꾼들은 상을 나르고 음식을 차리느라 정신이 하나도 없었어요. 덕분에 성룡은 만수 형과 하루 세 끼를 푸짐하게 먹고 푹 쉴 수 있었어요. 잔치는 저녁 늦게야 끝이 났어요.

다음 날 드디어 비룡 형과 소룡 형이 소과를 보는 날이 되었어요. 큰아버지는 성룡을 따로 불러 말했어요.

"가서 형들 시험 잘 보도록 응원하고 이것도 전해 주거라. 그간 공부하느라 고생했으니 맛난 것도 사 먹으라 하고. 너도 가다가 출출하면 맛난 것 사 먹어라."

큰아버지가 용돈으로 엽전을 삼십 냥이나 주었어요. 성룡은 감사의 인사를 드리고 허리춤에 삼십 냥을 잘 넣어 두었어요.

이르게 출발하여 성룡은 만수 형과 시험 시작 전에 시험장에 도착했어요. 구름처럼 많은 사람이 시험장 안으로 들어가고 있었어요.

"비룡 형, 소룡 형!"

한참을 서성이다 마침내 성룡이 비룡 형과 소룡 형을 발견했어요.

"네가 여기 어쩐 일이냐?"

비룡 형이 눈을 둥그렇게 뜨고 물었어요.

성룡은 큰아버지 댁에 심부름을 왔다고 말하고, 형들을 번갈아 가며 껴안았어요.

옛날에도 시험 볼 때 부정 행위가 있었을까?

과거 시험을 볼 때도 부정 행위가 있었다고 해요. 작은 종이를 코나 붓대에 감추기, 시험관과 짜기, 답안지의 이름 바꾸기, 대리 시험 보기, 어깨 너머로 남의 답안지 보기, 조용한 목소리로 답 가르쳐 주기 등의 부정 행위가 있었어요. 부정 행위가 발각되면 응시자는 엄벌을 받았답니다.

"시험 잘 보세요. 제가 응원할게요!"

"그래, 걱정 붙들어 매라. 시험 잘 보마."

비룡 형과 친한 만수 형도 악수를 하며 시험 잘 보라고 덕담을 했어요.

형들은 빙그레 미소 지으며 이내 시험장 안으로 들어갔어요. 사람

생원과 진사
소과에 합격하면 생원이나 진사가 되었어요. 지방에서는 고을 수령이 급제자의 부모를 불러 잔치를 베풀기도 했어요.

들이 모두 들어가자 시험장의 문이 닫혔어요.

성룡은 만수 형과 함께 얼른 시험장 근처 나무로 기어 올라가 안을 들여다보았어요. 너른 마당에 점잖은 선비들이 줄을 맞춰 앉아 있었어요. 소룡 형처럼 좀 어려 보이는 사람도 있었고, 제법 나이가 든 사람도 있었어요. 시험장은 쥐 죽은 듯 고요했어요. 그 광경을 보자 성룡은 마치 자기가 시험을 치는 듯 가슴이 두근두근 떨렸어요.

'나도 나중에 저 시험장에서 꼭 시험을 볼 테야. 과거에 급제해서

아버지, 어머니를 기쁘게 해 드리면 얼마나 좋을까.'

성룡은 그런 즐거운 상상을 하며 시험이 끝나기를 기다렸어요.

오후 늦게 시험이 끝나고 드디어 비룡 형과 소룡 형이 밖으로 나왔어요.

"시험 잘 봤어요?"

성룡이 묻자 비룡 형과 소룡 형이 대답했어요.

"그래, 못 본 것 같지는 않다."

"아는 문제가 많아서 쉽게 보았다."

네 사람은 주막으로 옮겨 맛나게 식사를 했어요. 성룡이 큰아버지가 준 삼십 냥을 비룡 형에게 건넸어요. 그러자 비룡 형은 소룡 형에게 열 냥을 주었고, 성룡에게도 열 냥을 건넸어요.

"큰아버지가 주신 것이니 똑같이 나누자."

성룡은 갑자기 큰돈이 생겨 기분이 날아갈 것 같았어요.

식사 후 소룡 형은 곧바로 중부 학당으로 돌아갔고, 비룡 형은 한양에 온 김에 친구들을 만난다며 흥인지문 방향으로 갔어요.

성룡은 만수 형과 함께 집으로 돌아가기 위해 서둘러 발걸음을 옮겼어요.

"과연 결과가 어떻게 나올까?"

성룡은 벌써부터 시험 결과가 궁금했어요. 결과 발표 날은 아직도 멀었는데 말이에요.

옛날 교육 제도 둘러보기
과거 시험 제도

조선 시대에는 과거 시험을 보아 문관, 무관, 기술관을 뽑았어요. 문관은 소과와 대과 시험을 보았고, 무관은 무과 시험, 기술관은 잡과 시험을 보았어요.

소과
문관이 되기 위한 첫 번째 시험이에요. 소과에 합격하면 성균관에 입학할 수 있는 자격이 생기고, 다음 단계의 시험인 대과를 볼 수 있는 자격도 생기지요.

대과
모두 세 번의 시험을 치러요. 세 번째 시험은 합격자의 순위를 결정하는 과정으로, 임금님 앞에서 시험을 치렀지요. 여기에서 1등을 하는 것을 장원 급제라고 해요.

무과

무관을 뽑는 시험으로, 실기인 무예와 병서에 관해 구술하는 시험을 보았어요. 합격하면 종7~9품의 무관이 될 수 있답니다.

잡과

기술관을 뽑는 시험이에요. 통역관이 되는 역과, 법률을 담당하는 율관을 선발하는 율과, 의관이 되는 의과, 천문학과 지리학 전문가를 뽑는 음양과로 나뉘어요.

과거 제도—무과

무관을 뽑는 시험, 무과

"**뭐야**, 비룡이와 소룡이가 둘 다 급제했다고!"

소과를 보고 얼마 지나지 않아서 고향 집으로 두 형의 급제 소식이 날아왔어요. 소식을 듣자마자 어머니는 뛸 듯이 기뻐했어요. 병중에 있는 아버지도 역시 기뻐했지요. 성룡이 기뻐한 것은 말할 것도 없고요.

어머니는 너무 기뻐 동네 이웃을 불러 큰 잔치를 열었답니다. 이웃들도 다들 찾아와 축하하고 기뻐해 주었지요. 사람들은 "나이도 어린 두 아들이 소과에 급제했으니 출세 길이 훤하다."라며 덕담을 했어요.

성룡은 잔치를 열기 전에 벌써 만수 형과 성칠 형에게 두 형의 급제 소식을 전했어요. 늘 성룡네 가족과 가까이 지내는 두 형은 마치 자기 일처럼 기뻐했어요.

"나도 이번에 무과를 보는데 너희 두 형처럼 급제할 수 있을까?"

만수 형이 조금 자신 없는 목소리로 말했어요.

"만수 형, 자신을 가져요. 누가 뭐래도 형의 무예 실력은 우리 고을 최고잖아요."

만수 형의 무예 실력을 잘 알고 있는 성룡은 진심으로 그렇게 말했어요. 의원이 되려고 잡과를 준비하는 성칠 형도 응원의 말을 했어요.

"네가 급제하지 못한다면 누가 급제하겠냐? 넌 조선 최고의 무관이 될 거야."

만수 형은 그제야 조금 마음이 놓이는지 슬쩍 미소를 지었어요.

사실 만수 형은 요즘 들어 정말 열심히 무예 연습을 하고 있었어요. 들판에 나가 말을 타고 달리며 활을 쏘는 만수 형의 모습은 정말 장군처럼 당당하고 힘찼어요. 또 창을 휘두르는 모습은 비호처럼 날쌨고, 조총을 쏘는 모습도 참으로 진지했어요. 형이 날린 화살은 정확히 과녁에 꽂혔고, 창에서는 쉭쉭 바람 소리가 났지요. 조총은 쏠 때마다 정확히 표적을 맞혀 보는 사람을 놀라게 할 정도였어요.

"그런데 말이야. 아무래도 난 구술시험이 자신이 없어."

만수 형이 고개를 절레절레 저으며 다시 말했어요. 그 말은 이전에 성룡과 한양에 갈 때도 했던 말이라 성룡은 이미 만수 형의 걱정을 알고 있었어요.

"한양에서 필요한 병서도 구해 왔잖아요."

무과 시험은 3년마다

문과와 마찬가지로 무과 시험도 3년마다 한 번씩 보았어요. 하지만 비정기적으로 특별 시험을 보아 무관을 뽑기도 했어요. 때로는 너무 많이 뽑아 합격하고도 관직을 얻지 못하는 일도 생겼지요.

성룡의 말에 만수 형이 한숨을 푹 내쉬었어요.

"정기적으로 치러지는 식년시처럼 사서오경에 《경국대전》 시험까지 봐야 하면 난 아예 무과에 도전도 못 할 거야. 그나마 특별 시험인 증광시에서는 사서오경과 병서 중에서 하나를 선택할 수 있다기에

도전하는 건데 그래도 난 자신이 없다. 책만 들여다보면 졸음이 쏟아지니 어떻게 구술시험을 볼지 캄캄하다."

"만수 형, 제가 힘닿는 데까지 도와 드릴 테니 자신 없다는 말 좀 하지 마세요."

정말로 성룡은 그다음 날부터 시간이 날 때마다 만수 형을 찾아가 함께 병서를 읽었어요. 형이 못 읽는 어려운 글자를 척척 읽어 주자 만수 형은 입을 쩍 벌리며 놀랐어요.

"성룡아, 너 대단하다. 언제 이런 글자를 다 배웠니?"

"헤헤, 내가 지난 일 년 동안 서당에서 놀기만 한 줄 알아요. 이제 웬만한 글자는 다 알아요."

"와, 이제 네가 내 선생님이다, 선생님!"

날마다 성룡과 만수 형은 친구처럼 붙어 앉아 병서를 읽었어요. 그러는 중에도 만수 형은 산으로 들판으로 달려 나가 무술 연습도 게을리하지 않았어요.

어떤 날에는 성룡이 서당 접장 형에게 부탁하여 따로 만수 형을 가르치게도 했어요. 접장 형은 올해 열다섯 살이라 만수 형보다 어렸지요. 그런데 만수 형을 가르치고 나서 접장 형이 몰래 성룡에게 이렇게 말했어요.

"만수 형은 무예 실력은 뛰어나지만 학문의 깊이가 너무 얕아. 학문은 시간을 두고 꾸준히 갈고닦아야 실력이 느는 것이지 하루아침에 성취되는 게 아냐."

성룡은 그 말을 만수 형에게는 비밀로 했어요. 괜히 그 말을 들으면 만수 형이 더 자신 없어 할 것 같아서였지요.

마침내 무과 시험을 보는 날이 하루 앞으로 다가왔어요. 성룡은 성칠 형과 만수 형 집을 찾아갔어요.

"내일 시험 잘 봐요, 형."

"자신감을 가져. 급제하지 못하면 어때. 도전하는 게 더 중요한 거라고."

성룡과 성칠 형이 말하자 만수 형은 그냥 사람 좋게 씩 웃었어요. 하지만 얼굴 표정에 긴장한 빛이 역력했어요.

무과 시험장은 바로 이웃 고을의 관청 훈련장이었어요. 성룡은 성칠 형과 함께 시험장 근처로 가서 만수 형을 응원했어요. 훈련장에는 따로 담이 없어서 일반 백성들도 멀찌감치 선 채 시험 장면을 구경할 수 있었어요.

무과 응시자들은 순번에 맞춰 말타기, 창술, 활쏘기 등의 실기 시험을 보았어요. 다들 덩치도 좋고 날렵한 청년들이었어요.

멋진 장면이 나올 때마다 사람들이 짝짝짝 박수를 치기도 했어요.

만수 형도 여태까지 연습해 온 자기 실력을 모두 보여 주었어요. 말 타고 활쏘기를 할 때 만수 형은 가장 큰 박수를 받았지요. 하지만 시험장에서 보니 다른 참가자들 실력도 만만치 않았어요. 다른 건 몰

양반은 문반과 무반

고려나 조선 시대 때 지배층 계급이에요. 임금님이 조회를 하면 남쪽을 보고 앉는데 이때 문반은 동쪽(동반), 무반은 서쪽(서반)에 죽 늘어서 있었어요. 그래서 문반과 무반, 또는 동반과 서반을 합쳐 양반이라고 했지요.

라도 무예 실력만큼은 만수 형이 최고인 줄 알았는데 알고 보니 숨은 실력자들도 아주 많았지요.

성룡은 마치 자기가 시험을 치르는 듯 가슴이 두근두근 떨렸어요.

만수 형도 다른 참가자들의 예상 밖의 기량에 꽤나 긴장된 표정이었어요.

오후 늦게 무예 시험이 모두 끝났어요. 만수 형은 홀가분한 얼굴이었지만 성룡이 시험을 잘 보았느냐고 묻자 갑자기 인상을 잔뜩 찌푸리며 한숨을 푹 내쉬었어요. 그러자 성칠 형이 얼른 나서서 말을 잘랐어요.

"자, 사람이 할 일은 이제 다 한 셈이니 나머지는 하늘에 맡기자. 내가 국밥을 사줄 테니까 가서 늦은 점심이나 먹자."

시험을 보고 한 달 남짓 지났을 때 결과가 발표되었어요. 관청 벽에 1차 무예 시험을 통과한 응시자들의 명단이 붙었는데 가 보니 안타깝게도 만수 형의 이름은 없었어요.

"형, 실망하지 마요. 다음 기회에 다시 도전하면 되잖아요."

성룡이 위로의 말을 했어요. 그러자 성칠 형도 한 마디 했어요.

"성룡이 말이 맞다. 다음엔 틀림없이 급제할 거야. 낙방을 해 보아야 인생을 배우지. 이순신 장군도 무과에 낙방한 적이 있다고. 그러니 너무 실망하지 마."

만수 형이 눈을 동그랗게 뜨고 물었어요.

"이순신 장군도 무과에 낙방했다고?"

"그렇다니까. 달리던 말에서 떨어져 다리가 부러지는 바람에 낙방하셨다더라."

이순신 장군을 언급한 성칠 형의 위로가 마음에 들었는지 만수 형은 금세 표정이 밝아졌어요.

"좋아. 더 열심히 무예 실력을 닦고 병서도 깊이 공부해서 다시 도전할 테야. 까짓것 또 떨어지면 또 도전하지 뭐."

만수 형의 말에 성룡은 괜히 히히 웃음이 나왔어요. 비록 무과에 낙방했지만 금세 밝은 표정을 보이는 만수 형의 낙천적인 성격이 참 좋아 보였어요.

옛날 교육 제도 둘러보기
여러 종류의 특별 과거 시험

문과나 무과에서 보는 과거 시험도 여러 종류가 있어요. 정기적으로 3년마다 한 번씩 보는 식년시가 원칙이지만 때에 따라 특별 시험을 보기도 했어요.

증광시
임금님이 즉위하는 등 나라에 큰 경사가 있을 때, 또는 작은 경사가 여러 번 겹쳤을 때 실시하던 임시 과거 시험이에요.

알성시
임금님이 문묘에 참배한 뒤 실시하던 비정기적인 과거 시험이에요. 임금님이 직접 시험장에 나와 당일에 합격자를 발표했어요.

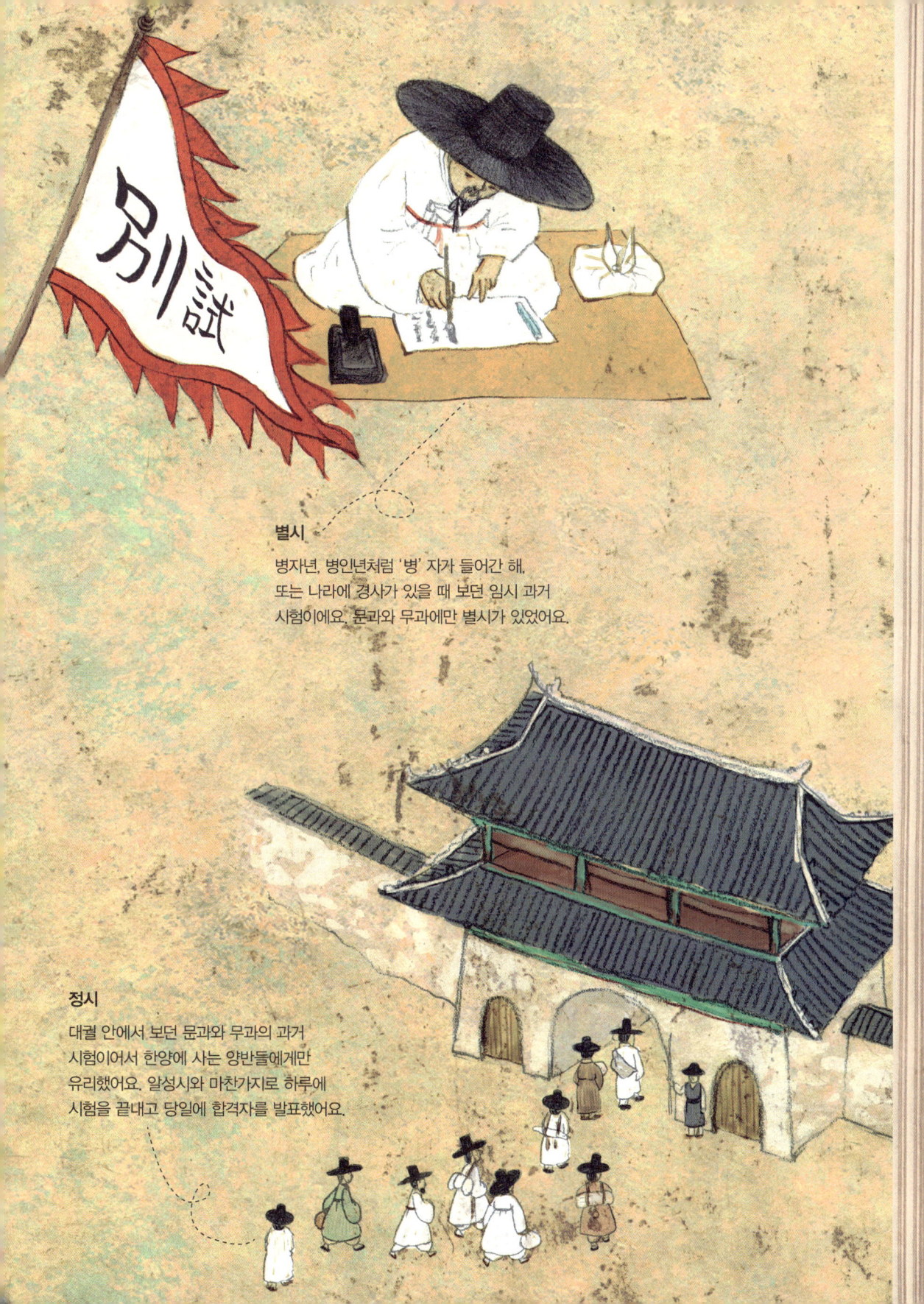

별시

병자년, 병인년처럼 '병' 자가 들어간 해, 또는 나라에 경사가 있을 때 보던 임시 과거 시험이에요. 문과와 무과에만 별시가 있었어요.

정시

대궐 안에서 보던 문과와 무과의 과거 시험이어서 한양에 사는 양반들에게만 유리했어요. 알성시와 마찬가지로 하루에 시험을 끝내고 당일에 합격자를 발표했어요.

과거 제도—잡과
의관을 뽑는 시험, 의과

만수 형의 무과 시험이 끝나자 이번에는 성칠 형의 잡과 시험일이 다가오고 있었어요.

성룡은 성칠 형의 집에 놀러 갔을 때 궁금한 것을 물었어요.

"성칠 형, 잡과에는 어떤 것들이 있는 거예요?"

성칠 형이 잠시 책을 내려놓고 말했어요.

"**잡과에는 역과와 율과, 의과, 음양과가 있어. 역과는 통역관이 되는 시험이고, 율과는 형법 전문가, 의과는 의원, 음양과는 천문·지리에 대한 전문가를 뽑는 시험이야.** 그리고 잡과는 주로 중인 출신의 집안 자제들이 응시하는데 서얼이나 여자들이 응시하는 경우도 있지."

성칠 형은 의원이 되기 위해 꾸준히 공부를 해 왔어요. 몇 년 전부터 고을의 대추나무 의원님에게 기본적인 의술을 배우고, 따로 의술에 관한 《동의보감》, 《향약집성방》 같은 의학 책을 열심히 읽고 있었지요. 성칠 형은 아픈 사람을 보면 함께 마음 아파하고, 자기가 나서서 치료해 주고 싶어 안달을 내는 성격이었어요. 정말 의원이 되기에 딱 맞는 성격이었지요.

"시험은 어디서 보나요?"

"잡과 시험은 한양의 해당 관청에서 봐. 역과는 사역원에서 보고, 율과는 형조에서, 의과는 전의감, 음양과는 관상감에서 보는 거야."

"그럼 한양으로 올라가야 하는 거네요?"

"응. 만수가 함께 가기로 했어. 무과 시험장에서 응원해 주었다고 자기도 답례를 하고 싶단다."

"와, 좋겠다. 나도 한양 또 가고 싶은데."

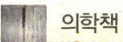
의학책

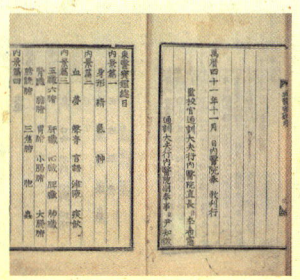

동의보감
의관 허준이 선조 임금의 명에 따라 편찬한 의학 책이에요. 동양에서 가장 뛰어난 의학서로 평가받고 있어요. 2009년에 유네스코 세계 기록 유산으로 지정되었어요.

향약집성방
세종대왕이 신하들에게 명령하여 편찬한 의학서 예요. 여러 가지 의학서를 참고하여 만들었는데, 모든 질병을 57가지로 나누어 병의 증상과 치료법을 담아 보여 주고 있어요.

"너는 우리가 없는 동안 친구들과 놀면서 고향 마을이나 잘 지켜. 하하하."

"쳇, 어쨌든 시험 잘 봐서 꼭 급제하세요."

"고맙다, 꼬맹아."

잡과 시험을 주관하는 관청

사역원
외국어를 번역하거나 통역하는 일을 맡아 보던 관아예요. 외국어를 가르치는 교육 기관이기도 해요. 주로 한어(중국어), 일본어, 몽골어, 여진어 등을 가르쳤지요.

형조
법률과 송사, 형벌, 죄수, 노예에 관한 일을 맡아서 관리하던 중앙 관청이에요.

관상감
천문학, 지리학, 달력 제작, 기후 측정 등의 사무를 맡아 보던 관아예요.

성칠 형은 만수 형과 달리 시험에 자신만만했어요. 그만큼 오래 준비했고 의술에 대해 애정이 있었기 때문이지요. 사실 과천 고을 안에서는 이미 성칠 형이 약을 지어 주거나 침을 놓아 준 사람도 많았어요. 아직 정식 의원이 아니라 성칠 형은 치료를 해 주고도 돈을 한 푼도 받지 않았어요. 그래서 고을 사람들은 다들 성칠 형이 마음씨도 참 좋다며 칭찬이 자자했지요.

드디어 성칠 형과 만수 형이 한양으로 떠났어요. 성룡은 서당에 가야 했기 때문에 두 형이 떠나는 모습도 보지 못했어요.

한양으로 올라간 성칠 형과 만수 형은 전의감 근처의 주막에 묵었어요.

"저번에는 네가 국밥을 사 주었으니 오늘은 내가 살게."

만수 형이 준비해 온 엽전을 흔들며 말하자 성칠 형이 웃으며 말했어요.

"좋아. 그 대신 내가 의원이 되면 넌 평생 무료로 치료해 줄게."

"와, 이건 국밥 한 그릇에 엄청 남는 장사인걸. 고맙다. 국밥 곱빼기로 먹어도 좋다. 하하하."

만수 형이 호탕하게 웃자 성칠 형도 기분 좋게 하하하 웃었어요.

다음 날, 성칠 형은 전의감에서 의과 시험을 보았어요. 의과 응시자들은 주로 전의감이나 혜민서에서 배운 의학생들이 많았어요. 성칠 형처럼 시골에서 올라온 응시자들은 별로 없었어요. 하지만 성칠

전의감

의료에 대한 종합적인 일을 하며 의학을 가르치던 관아예요. 약재를 제조하면서 의학에 대해 깊이 연구하고 정보를 수집했어요. 임금님과 고위 관리들을 치료하는 일도 했지요.

형은 꾸준히 오래 준비해 왔기 때문에 의학생들에게 주눅 들지 않고 시험을 잘 치렀어요.

"어때? 시험 어렵지 않았어?"

만수 형이 전의감 앞에서 기다리고 있다가 얼른 물었어요. 그러자 성칠 형은 빙긋 웃으며 말했어요.

"시험 얘기는 묻지 마. 사람이 할 일은 끝, 나머지는 하늘에 맡긴다, 이게 내 대답의 전부니까."

"알았다, 알았어. 자신 있는 목소리인 거 보니까 잘 보았겠군. 더 이상 묻지 않을게."

그날 성칠 형과 만수 형은 곧장 고향 집으로 오지 않고 한양 구경을 했어요.

"꼬맹이 성룡이도 없으니 우리 둘이 한양 일대를 다 둘러보고 가자."

"그래. 다 둘러보고 가서 자랑하면 성룡이가 배 아파할 거다. 하하하."

성칠 형과 만수 형은 한양 구경을 다 하고, 무려 열흘이나 지난 다음에 고향 마을로 내려왔어요. 연락도 없이 늦게 내려오자 성칠 형

혜민서
혜민국이라고도 해요. 가난한 백성을 무료로 치료하고, 여자들에게 침술을 가르치던 관아예요.

집과 만수 형 집은 물론 다들 걱정이 태산 같았어요. 성룡도 서당이 끝나면 동구 밖까지 나가 눈이 빠지도록 두 형을 기다렸어요.

친구들과 마을 어귀에서 자치기를 하며 놀다가도 걸핏하면 동구 밖을 쳐다보았고, 산에서 술래잡기를 하다가도 물끄러미 동구 밖을 쳐다보았어요.

"나이 든 네 친구들 기다리냐?"

성룡의 친구들은 성룡이 동구 밖을 쳐다볼 때마다 놀려 먹었어요.

마침내 성칠 형과 만수 형이 고향 마을로 돌아왔어요. 성룡은 후닥닥 달려가 두 형에게 투정을 부렸어요.

"뭐 하느라 이제 와요?"

만수 형이 혀를 끌끌 차며 말했어요.

"말도 마라. 오는 길에 한 주막에 들렀는데 주막집 딸이 병에 걸려 다 죽게 생겼지 뭐냐. 그래서 성칠이 형이 이레나 그 집에 머물면서 딸의 생명을 구해 주었단다. 딸이 살아나서 망정이지 혹시 죽었다면 아마 우린 관가에 끌려가 곤장을 맞았을 거다."

그러자 성칠 형이 웃으며 말했어요.

"사람이 죽게 생겼는데 어떻게 그냥 오나? 아직 의원은 아니지만 살릴 방도가 있는데 어떻게 그냥 오냐고. 덕분에 주막집 아주머니한테 한 상 잘 얻어먹었으니 그러면 된 것이지."

만수 형과 성칠 형은 서로 마주보고 하하하 웃었어요. 주막집 딸을 구하고 와서 뭔가 뿌듯한 기분이 아직 남아 있는 것 같았어요. 형들의 말을 들으니 성룡도 괜히 기분이 좋아졌어요.

'역시 내가 좋아하는 형들은 뭔가 달라.'

성룡은 히히 웃으며 형들을 바라보았어요.

하지만 그 다음부터는 성룡의 기분이 점점 나빠지기 시작했어요. 형들이 내내 한양 구경한 자랑을 잔뜩 늘어놓기 시작했거든요.

옛날 교육 제도 둘러보기
기술관을 뽑는 잡과

잡과 시험에는 역과와 율과, 의과, 음양과가 있어요.
모두 기술관을 뽑는 시험인데 3년마다 시험을 보았어요.
합격자에게는 백패라는 합격증과 함께 종7~9품의 벼슬을 주었고,
해당 관청에서 일할 수 있는 자격을 주었어요.

역과
중국, 몽골, 왜, 여진과의 통역을 담당할 관리를 뽑는 과거 시험이에요. 합격하면 종7~9품의 관직을 받았어요.

율과
법을 담당할 관리를 뽑는 과거 시험이에요. 합격자는 형조에서 율관으로 일했어요.

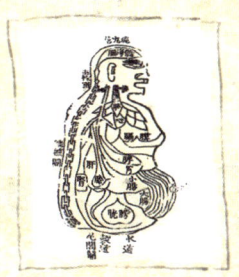

의과

의원(의관)을 뽑는 과거 시험이에요. 주로 전의감과 혜민서에서 공부하는 의학생들이 시험에 응시했어요. 합격하면 종8~9품의 관직을 받았어요.

음양과

천문, 지리, 명과학(운명이나 길흉화복에 대해 공부하는 학문)을 담당할 관리를 뽑는 과거 시험이에요. 합격자는 종8~9품의 관직을 받고 관상감에서 일했어요.

조선 최고의 교육 기관, 성균관

　　　　　한양에서 자신만만하게 의과 시험을 치고 온 성칠 형은 생각대로 당당히 급제를 했어요.

"역시 성칠 형이야!"

성룡은 친형들이 소과에 급제했을 때만큼 기뻤어요. 드디어 성칠 형이 정식으로 의원이 된 거예요.

급제 소식이 날아온 날, 성칠 형 집에서는 잔치를 벌인다며 시끌벅적했어요. 하지만 결국은 가까운 이웃들만 모여 조용히 잔치를 했어요. 왜냐하면 성칠 형이 집에 없었거든요. 성칠 형은 산 두 개 너머의 외딴 마을에 급한 환자가 있다고 하여 급제 소식이 오기 이틀 전에 그곳으로 떠났지요.

성칠 형은 닷새나 지난 뒤에야 고향 마을로 돌아와 자신의 급제 소식을 들었답니다.

　얼마 후, 성칠 형은 한양으로 올라가 전의감에 들어갔어요. 전의감에서 선배 의관들에게 의술을 더 많이 배워 뛰어난 의원이 되고 싶었던 거예요. 성칠 형은 배울 만큼 배워 의원으로서 자신감이 넘치면 다시 고향 마을로 오겠다고 했어요. 병이 나도 의원을 찾아갈 능력이 없는 가난한 시골 사람들을 치료하며 사는 것이 자신의 꿈이라고 했지요.

　그 무렵 성룡의 집에 한양 성균관에서 통지문이 한 통 날아왔어요. 성균관 유생들의 가족들을 초대하는 통지문이었어요. 얼마 전에 비룡 형과 소룡 형도 성균관에 들어가게 되어 성룡의 집안에는 성균관 유생이 무려 세 명이나 되었어요.

　"이번에는 나도 꼭 한양에 가 봐야겠다."

　어머니는 모아 둔 돈도 얼마쯤 있다며 한양에 갈 생각에 들떠 있었어요. 아버지도 모시고 가겠다고 했지요. 물론 성룡도 함께 가기로 했고요.

　그런데 출발하기 하루 전날, 아버지가 어머니에게 말했어요.

　"나도 가고 싶지만 내 건강이 한양까지 가기에는 너무 미흡하오. 대신 서찰을 하나 써 줄 테니 장남 대룡이에게 전해 주구려."

　결국 아버지는 집에 남기로 했어요. 혼자 있는 동안은 성칠 형 어머니가 식사 시간에 맞춰 돌봐 주기로 했지요.

한양으로 가는 날, 성룡은 줄곧 어머니보다 몇 발자국 앞서 걸었어요. 아직 어리지만 그래도 두 번이나 다녀왔다고 제법 길을 잘 알았기 때문이지요. 어머니와 함께 가는 길이라 그런지 성룡은 다른 때보다 훨씬 더 즐거운 기분이었어요. 또 성균관에 가서 비룡 형과 소룡 형은 물론 오랫동안 못 본 맏형까지 만난다니 가슴이 설레었어요.

어머니와 한양 성균관에 당도하니 대룡 형과 비룡, 소룡 형이 모두 문 앞까지 나와 있었어요.

어머니를 발견하자 세 형들은 마치 약속이나 한 듯 그 자리에 털썩 무릎을 꿇고 큰절을 했어요.

"어머니, 먼 길 오시느라 얼마나 고생이 많으셨습니까?"

어머니는 조선의 최고의 교육 기관인 성균관의 유생이 된 세 아들의 절을 받고 감격한 듯 눈물을 글썽거렸어요.

"오냐, 오냐. 내 아들들아, 어디 얼굴 좀 보자."

어머니는 세 아들을 돌아가며 끌어안아 주었어요. 형들의 눈에도 반짝 이슬이 맺혔어요.

잠시 후, 세 형들은 앞서거니 뒤서거니 하며 성균관 건물을 안내했어요.

역시 성균관의 규모는 어마어마했어요. 공자를 모신 사당인 대성전과 강의 장소인 명륜당, 유생들이 거처하는 동재와 서재,

도서관인 존경각도 으리으리했어요.

성룡은 건물들을 둘러보며 자신도 더욱 열심히 공부하여 성균관 유생이 되겠다고 마음먹었어요.

성룡 가족은 큰형의 거처에 둘러앉아 오랜만에 이런저런 이야기를 나누었어요. 아버지 건강 얘기가 가장 먼저 나왔고, 다음으로 폭정을 일삼는 고을 사또 이야기가 나왔어요. 그러자 큰형이 입술을 꽉 깨물고 말했어요.

성균관 입학 정원

성균관의 입학 정원은 조선 건국 초에는 150명이었지만, 이후 200명으로 정착되었어요. 소과에 합격한 이들은 전부 국비 장학생이라 학비, 숙식비가 무료였어요. 하지만 나라가 어려워졌을 때는 한때 유생의 수를 100명으로 줄인 적도 있었어요.

"어머니, 원래 우리 집안 땅이 있었는데, 고을 관아의 이방이 문서를 위조하여 땅을 가로챘다고 들었습니다. 지금은 사또가 그 땅의 임자라지요? 그 말이 사실입니까?"

큰형의 말에 비룡 형도, 소룡 형도, 그리고 성룡도 깜짝 놀랐어요. 전혀 처음 듣는 말이었기 때문이지요.

어머니가 머뭇거리다 겨우 입을 열었어요.

"사실이다. 하지만 지금에 와서 어쩌겠니. 아버지가 병환에 든 것도 그 일과 관련이 없지 않단다. 그러나 지금은 모두 잊었다. 너희 형제가 이렇게 훌륭하게 컸으니 나는 그것으로 족하다."

유생들의 시험

성균관에서는 네 가지의 시험을 보았어요. 학년말 고사, 월말 고사, 순말 고사(10일에 한 번씩 보는 시험), 일일 고사예요. 이중 학년말 고사는 해마다 3월 3일과 9월 9일에 실시했어요. 성균관은 대과 시험을 준비하는 곳이라서 유생들은 저마다 열심히 공부했답니다.

성균관의 선생님들
최고의 책임자인 대사성과 그 아래에 좨주·악정·직강·박사 등이 있었어요.

대사성
성균관을 맡아 관리하던 으뜸 벼슬이에요. 오늘날의 국립대학 총장과 같은 역할이에요.

"어머니, 저는 그 생각을 할 때마다 가슴에서 열불이 납니다. 제가 꼭 대과에 급제하여 잘못된 것을 바로잡도록 하겠습니다."

어머니가 엄한 표정을 지으며 말했어요.

"대룡아, 학문은 복수심으로 하는 것이 아니라고 들었다. 개인의 원한을 풀기 위해 공부하는 것은 좀스러운 선비이고, 세상의 한을 풀어 주고 백성의 한을 풀어 주는 큰 공부를 해야 바르고 참된 선비다. 마음을 더 넓게 가져라."

어머니는 그렇게 말하고 나서 품에 간직한 아버지의 서찰을 꺼내 큰형에게 전했어요. 큰형은 서찰을 받고 움찔하더니 이내 펼쳐 읽기 시작했어요. 편지 내용은 간략하지만 힘찬 필체로 쓰여 있었어요.

대룡아,
건강이 허락지 않아 한양에 못 가니 대신 몇 자 적는다.
마음에 새겨 행으로 옮겨 준다면 고맙겠구나.
언제 어디서나 조선의 선비답게 정의롭고 당당하기를 바란다.
무슨 일이 있어도 불의와 타협하지 말고,
나라와 백성을 위해서라면 자신의 안위를
돌보지 말아야 할 것이다.
또한 우리 집안의 장남으로서 집안의 명예를 빛내고,
형제들과도 내내 우애롭게 지내길 바란다.
네가 있어 아비는 든든하고 병중에도 당당할 수 있구나.
참으로 고맙게 생각한다.

서찰을 내려놓은 큰형의 표정이 엄숙했어요. 가만히 고개를 끄덕이던 큰형이 어머니에게 말했어요.

"어머니, 고을 사또의 폭정은 오래 가지 않을 것입니다. 관료 중에도 정의롭고 바른 분이 많으니 이내 밝혀지면 해결도 멀지 않을 것입니다. 원한을 갚으려는 복수심으로 공부해선 안 된다는 어머니 말씀 마음에 새기겠습니다. 그리고 아버님의 서찰에도 크게 느낀 바 있으니 아버님께 감사하다고 잘 전해 주십시오."

"그리 말해 주니 고맙구나, 맏이야."

어느덧 밤이 깊었어요. 성룡은 큰형과 어머니가 나누는 말을 들으며 나름대로 새로운 것을 많이 배운 것 같았어요. 어쨌든 성룡은 열심히 공부해 형들처럼 성균관 유생이 되고 싶었어요. 그리고 운 좋게 높은 관직에 나가면 전국 팔도에 있는 못된 사또들을 모두 혼내 주어 백성들이 편안하게 사는 그런 좋은 나라를 만들고 싶었어요.

"졸려요. 저 먼저 잘게요."

성룡은 한참을 더 앉아 있다가 그만 졸음이 쏟아져 먼저 자리에 누웠어요.

옛날 학교 둘러보기
성균관의 건물들

성균관은 향교와 비슷한 모양이에요. 공자를 모신 대성전과 강의실인 명륜당, 기숙사인 동재와 서재가 있었지요. 하지만 나라의 수도인 한양에 있고 최고 교육 기관이라 향교보다 규모가 크고 시설도 좋았어요.

명륜당
성균관 유생들이 공부하던 곳이에요. 이곳에서 강의를 듣거나 시험을 치렀어요. 교수들이 먼저 명륜당에 들어가 자리를 잡고 앉으면 북이 울리고, 그 다음에 유생들이 차례로 들어와 교수에게 절을 해요. 그리고 동료들끼리 서로 절을 하고 인사를 나눈 뒤 공부를 시작했다고 해요.

동재와 서재
성균관 유생들의 기숙사예요. 한 방에 4~5명의 유생들이 함께 생활했어요.

존경각
성균관 안에 있는 도서관으로, 우리나라 최초의 학교 도서관이라고 볼 수 있어요. 주로 성리학과 관련된 책과 역사서를 보관했어요.

대성전
공자나 여러 선현들의 위패를 모시고 제사를 드리는 사당이에요.

동무와 서무
공자의 제자와 우리나라와 중국의 선현들의 위패를 모신 건물이에요.

과거 제도-대과
과거 시험의 최종 관문, 대과

어머니는 고향 집에 돌아온 뒤로 날마다 장독대에 정화수(이른 새벽에 길은 우물물)를 떠놓고 천지신명께 기도를 올렸어요. 얼마 후에 대룡 형이 대과를 보기 때문이지요. 대과는 다른 말로 문과라고도 하는데 고급 관리를 뽑는 아주 중요한 시험이랍니다.

"천지신명께 비나이다, 우리 대룡이가 대과에 급제할 수 있도록 도와주소서. 또한 비룡, 소룡이도 성균관에서 열심히 학문을 닦고, 내내 건강하게 해 주소서."

보통 이른 새벽에 기도를 하기 때문에 성룡이 직접 볼 수는 없었지만 한두 번은 어머니의 기도 소리에 깬 적도 있었어요. 어머니는 둘째 기룡 형과 성룡에 대한 기도도 빼놓지 않았어요. 자신에 대한 어머니의 기도를 들으면 성룡은 뭔가 가슴이 뭉클했어요.

그 무렵 과천 고을은 관아의 지나친 세금 때문에 말이 많았어요. 이미 죽은 사람이나 태어나지도 않은 아기에게도 세금을 매겼고, 이미 세금을 냈는데 받은 적 없다며 다시 내라고 윽박지르기도 했어요. 또 가난한 농부가 관아에서 곡식을 빌리면 가을에 너무 많은 이자를 붙여 추수한 것을 거의 다 빼앗아 가기도 했지요.

"해도 해도 너무 한다."

"칼만 안 들었지, 관아 놈들은 강도나 다름없다."

고을 사람들은 삼삼오오 모이기만 하면 쉬쉬해 가며 다들 사또의 폭정에 불만을 표했어요. 관아의 포졸이 저 앞에 나타나면 괜히 트집이라도 잡힐까 봐 일부러 멀리 돌아가는 사람이 있을 정도였지요.

한편, 한양의 성균관 유생 대룡 형은 드디어 대과 시험을 보게 되었어요. 전국 방방곡곡의 수재들이 한양에 모여 시험을 보았어요. 성룡은 어머니와 한양으로 응원을 하러 가고 싶었지만 대룡 형이 오지 말라고 말려 결국 가지 않았어요. 대룡 형은 홀로 조용히 시험을 치는 게 더 나으니 절대 오지 말라고 했지요.

대과 응시자는 총 250명이었어요. 이중에서 33명을 선발하고, 다시 33명을 평가하여 등급을 매기는데, 대룡 형은 당당히 급제했고 또 최고의 등급으로 뽑혔어요. 말만 들어도 가슴이 떨리는 장원 급제를 한 거예요.

대룡 형은 임금님으로부터 직접 홍패를 받고 어사화도 받았어요.

홍패는 붉은 종이에 급제자의 이름과 성적, 등급을 적은 증서이고, 어사화는 임금님이 급제한 사람에게 내려주는 종이로 만든 꽃이에요.

장원 급제
과거의 문과나 무과의 최종 시험에서 1등으로 합격하는 것을 말해요. 문과의 경우 장원을 하면 바로 종6품의 관직을 주었어요.

어사화
과거에 급제한 사람에게 임금님이 하사한 종이꽃이에요. 철사처럼 가는 대나무를 푸른 종이로 감아서 군데군데 청색, 홍색, 황색의 가짜 종이꽃을 달았지요.

"장원 급제를 경하하노라. 경의 이름은 무엇이고, 고향은 어디냐?"

임금님이 물었어요.

"이대룡이라 하옵고, 고향은 과천이옵니다."

"흠, 과천이라고? 요즘 과천 현령이 백성들을 제대로 살피지 못한다고 들었는데 너는 알고 있느냐?"

"선정을 펼치지 못해 말이 많다고 들었습니다."

홍패
과거를 치른 최종 합격자에게 주던 증서예요. 붉은색 종이에 합격자의 성적·등급·성명 등을 먹으로 썼어요.

임금님이 가만히 생각하다가 다시 말했어요.

"쯧쯧, 백성의 뜻이 하늘이거늘. 너에게 어명을 내리노니 과천 고향 집에 가거든 잘못을 바로잡고 백성들이 편안하게 살도록 조치하여라."

"황공하옵니다, 전하!"

임금님은 대룡 형에게 참상관이란 관직을 내렸어요.

며칠 뒤, 대룡 형은 멋진 관복에 어사화가 달린 관을 쓰고 고향 마을로 내려왔어요. 장원 급제한 대룡 형이 과천 고을에 당도하자 고을은 한바탕 난리가 났어요. 모든 사람들이 나와 말을 타고 지나가는 대룡 형을 우러러보며 환호성을 질렀어요. 대룡 형이 집 앞에서 말을 멈추자 어머니는 버선발로 뛰쳐나왔고, 성룡도 후닥닥 달려 나왔어요. 몸져누운 아버지도 어디서 힘이 났는지 마루까지 걸어 나와 말을 탄 대룡 형을 물끄러미 바라보았어요. 말에서 훌쩍 뛰어내린 대룡 형이 마당 흙바닥에 엎드려 절을 올렸어요.

"아버님, 어머님, 소자 문안드립니다. 그간 평강하셨습니까?"

어머니가 먼저 대룡 형을 와락 끌어안았어요.

"장하구나, 맏이야! 정말 장하다, 우리 아들!"

어머니 눈에는 어느새 눈물이 주르르 흘렀어요. 마루에 선 채 아버지 역시 울고 있었어요.

그날 저녁부터 다음 날 저녁까지 성룡의 집에서 큰 잔치가 벌어졌어요. 돼지를 잡고, 닭을 잡는 등 푸짐한 음식이 차려졌어요. 친척들은 물론 이웃 사람들도 모두 몰려와 장원 급제한 대룡 형을 축하해 주었어요.

"우리 고을에서 용이 났네 그려."

"내 그럴 줄 알았지. 대룡 도령은 어려서부터 총명했으니까."

한편으로는 과천 고을이 앞으로 살기 좋은 고을이 될 거라는 기대감도 넘쳤어요.

"우리 참상관이 못된 사또를 혼내 주면 좋으련만."

"기다려 보세. 아마 관아의 도둑놈들을 참상관께서 응징해 줄 걸세, 암."

🔴 **신참 신고식인 면신례**
조선 시대 벼슬을 처음 시작하는 관원이 선배 관원들에게
술과 안주를 준비하여 대접하는 의식이에요.

  잔치에 온 사람들은 밤이 늦도록 먹고 마시며 덕담을 했어요.
  "나도 다음번에는 꼭 무과에 다시 도전해서 급제할 거다. 두고 봐라."
  술을 잘 못 마시는 만수 형도 찾아와 막걸리 두 잔에 취해 성룡에게 그렇게 말했어요.
  "그럼요. 다음에는 틀림없을 거예요."

성룡도 히히 웃으며 그렇게 말해 주었어요.

다음 날 이른 아침, 대룡 형이 관복을 갖춰 입고 관아로 나갔어요. 성룡도 형의 뒤를 따라 허겁지겁 관아로 달려갔어요.

사또는 이미 대룡 형의 장원 급제 소식을 듣고 뭔가 찜찜한 기분으로 안절부절못하고 있었어요.

대룡 형이 관아 마당으로 들어서자 사또는 어정쩡하게 마당으로 내려와 대룡 형의 손을 맞잡았어요. 사또가 축하의 말을 하려는 순간 대룡 형이 벼락처럼 소리쳤어요.

"어디다 손을 대느냐! 죄인은 당장 그 자리에 꿇어 앉아라! 어명이다!"

사또는 깜짝 놀라 눈이 화등잔처럼 커졌어요. 대룡 형이 품에서 어명을 적은 문서를 꺼내 사또의 얼굴에 디밀었어요. 그리고 다시 외쳤어요.

"죄인의 폭정으로 고을 백성들의 고충이 이만저만이 아님은 이미 전하께서도 낱낱이 알고 계신다! 당장 죄인을 하옥하고, 지나치게 거둬들인 세금과 곡식을 모두 백성들에게 돌려줘라!"

관아 밖에서 그 광경을 지켜보던 고을 사람들이 갑자기 와와 환호성을 질렀어요. 성룡은 코끝이 찡하고 가슴이 뭉클하여 저절로 눈가가 촉촉이 젖었어요. 만수 형도 성룡의 손을 붙잡고 펄쩍펄쩍 뛰며 좋아했지요.

그 후 과천 고을에는 정의롭고 바른 신임 사또가 부임하여 선정을 베풀었어요. 이에 모든 고을 사람들이 신임 사또를 칭찬했어요. 그런데 칭찬의 말 뒤에 꼭 이 말을 덧붙였지요.

"이대룡 참상관이 우리 고을 은인이네."

"암, 이대룡 참상관이 최고지, 최고고말고."

성룡네 집은 이전에 사또에게 빼앗긴 땅을 되찾아 이제 넉넉한 생활을 할 수 있게 되었어요. 땅을 빼앗겨 화병이 든 아버지도 차차 건강을 회복해 바깥나들이도 할 수 있게 되었지요.

성룡은 만수 형과 동네 뒷산에 올라가 마을을 내려다보았어요.

"학문을 통해 잘못된 것을 바로잡고, 쓰러진 집안을 일으켜 세우고, 너희 대룡 형 정말 대단하다."

만수 형이 그렇게 말하자 성룡이 히죽 웃었어요.

"형, 우리도 나중에 과거에 급제해서 어려운 사람도 도와주고, 좋은 일도 많이 하자."

"그래, 혹시 나라가 어려워지면 나라도 지키고. 하하하."

성룡은 만수 형과 한참 동안 마을을 내려다보았어요. 밥 짓는 연기가 풀풀 피어오르는 고향 마을은 참으로 행복하고 평화로워 보였어요.

옛날 교육 제도 둘러보기
고급 관리를 뽑는 시험, 대과

대과는 문과라고도 하는데, 고급 관리를 뽑는 시험인 만큼 가장 어려웠어요.
대과 시험은 초시·복시·전시 3단계를 거쳐 치러졌어요.

초시(관시)
성균관 유생들이 보는
1차 시험이에요.

초시(한성시)
한양의 일반 유생과 성균관에 진학하지
않은 생원과 진사들이 보는 1차 시험이에요.

초시(향시)
각 지방의 유생들이 지방에서
1차 시험을 치러요.

복시

관시·한성시·향시의 합격자 240명을 모아 한양에서 시험을 치러 최종 합격자 33명을 뽑았어요.

전시

복시의 합격자 33명의 등급을 매기는 시험이에요. 등급을 매기는 시험이기 때문에 부정 행위를 하지 않는 한 떨어지는 일은 없었어요. 답안지는 어둡기 전에 임금님께 보이는 것이므로 똑똑히 정자로 써야 해요.

한눈에 펼쳐 보는 전통문화 학교와 교육 제도

서당

서당은 저마다 크기도 다르고 운영하는 사람도 달랐어요. 지금의 과외처럼 일대일 교육을 하는 곳도 있었고, 몇 사람만 가르치는 서당도 있었지요. 형태에 따라 훈장 자영서당, 유지 독영서당, 유지 조합서당, 촌 조합서당 등이 있었어요.

사부 학당

조선 시대에 한양은 동부, 서부, 구역(오부)으로 나누어져 있었어. 오부학당을 만들려고 했으나, 북 결국 사부 학당이 되었어요.

향교

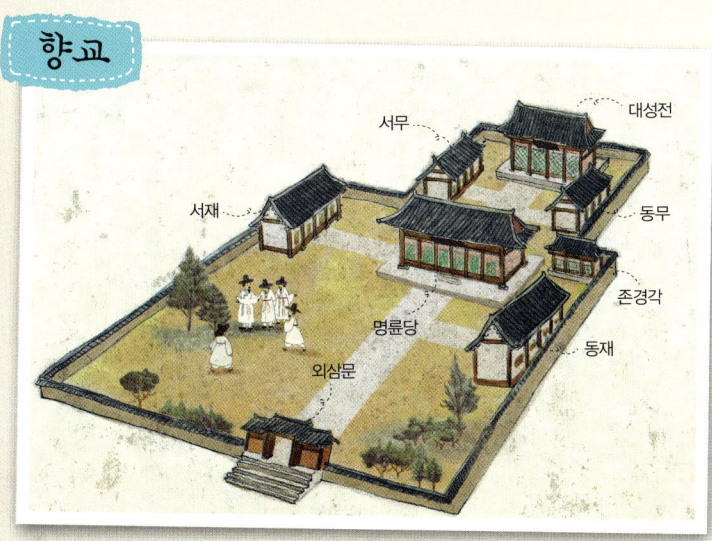

향교는 조선 시대에 국가가 지방에 설치한 중등 교육 기관이에요. 향교에는 공자의 제사를 지내는 문묘가 있었고, 그 밖에 명륜당, 동재, 서재 등의 건물들이 있었어요.

지금까지 남아 있는 유명 서원

소수 서원, 옥산 서원, 도산 서원, 병산 서원, 도동 서원, 필암 서원

우리나라 최초의 서원은 1543년에 풍기 군수 주세붕이 세운 백운동 서원이에요. 이를 포함해 지금까지 남아 있는 유명한 서원들 가운데 아홉 곳이 2019년 유네스코 세계문화유산으로 등재되었어요.

서부 학당, 동부 학당

부, 북부, 중부 등 다섯 개의 행정
. 그래서 오부에 각각 학당을 세워
에 학당이 세워지지 않아

과거 시험 제도

소과, 무과, 대과, 잡과

조선 시대에는 과거 시험을 보아 문관, 무관, 기술관을 뽑았어요. 문관은 소과와 대과 시험을 보았고, 무관은 무과 시험, 기술관은 잡과 시험을 보았어요.

한눈에 펼쳐 보는 전통문화 학교와 교육 제도

여러 종류의 특별 과거 시험

문과나 무과에서 보는 과거 시험도 여러 종류가 있어요. 정기적으로 3년마다 한 번씩 보는 식년시가 원칙이지만 때에 따라 특별 시험을 보기도 했어요.

성균관의 건물들

성균관은 향교와 비슷한 모양이에요. 공자를 모신 대성전과 강의실인 명륜당, 기숙사인 동재와 서재가 있었지요. 하지만 나라의 수도인 한양에 있고 최고 교육 기관이라 향교보다 규모가 크고 시설도 좋았어요.

기술관을 뽑는 잡과

잡과 시험에는 역과와 율과, 의과, 음양과가 있어요. 모두 기술관을 뽑는 시험인데 3년마다 시험을 보았어요. 합격자에게는 백패라는 합격증과 함께 종7~9품의 벼슬을 주었고, 해당 관청에서 일할 수 있는 자격을 주었어요.

고급 관리를 뽑는 시험, 대과

대과는 문과라고도 하는데, 고급 관리를 뽑는 시험인 만큼 가장 어려웠어요. 대과 시험은 초시·복시·전시 3단계를 거쳐 치러졌어요.

한눈에 펼쳐 보는 전통문화 학교와 교육 제도

서당

서당은 저마다 크기도 다르고 운영하는 사람도 달랐어요. 지금의 과외처럼 일대일 교육을 하는 곳도 있었고, 몇 사람만 가르치는 서당도 있었지요. 형태에 따라 훈장 자영서당, 유지 독영서당, 유지 조합서당, 촌 조합서당 등이 있었어요.

향교

향교는 조선 시대에 국가가 지방에 설치한 중등 교육 기관이에요. 향교에는 공자의 제사를 지내는 문묘가 있었고, 그 밖에 명륜당, 동재, 서재 등의 건물들이 있었어요.

사부 학당

조선 시대에 한양은 동부, 서부, 남부, 북부, 중부 등 다섯 개의 행정 구역(오부)으로 나누어져 있었어요. 그래서 오부에 각각 학당을 세워 오부학당을 만들려고 했으나, 북부에 학당이 세워지지 않아 결국 사부 학당이 되었어요.

지금까지 남아 있는 유명 서원

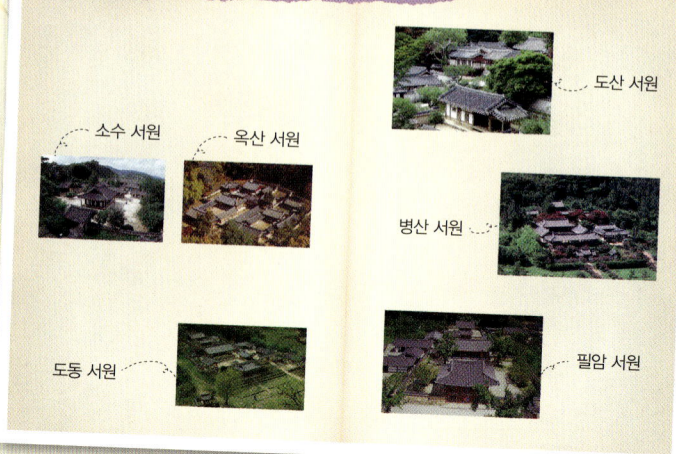

우리나라 최초의 서원은 1543년에 풍기 군수 주세붕이 세운 백운동 서원이에요. 이를 포함해 지금까지 남아 있는 유명한 서원들 가운데 아홉 곳이 2019년 유네스코 세계문화유산으로 등재되었어요.

과거 시험 제도

조선 시대에는 과거 시험을 보아 문관, 무관, 기술관을 뽑았어요. 문관은 소과와 대과 시험을 보았고, 무관은 무과 시험, 기술관은 잡과 시험을 보았어요.